Cognitive Processes in Writing:
Using the Example of Scientific Writing

寫作的認知歷程
以論文寫作為例

五南圖書出版公司 印行

序

　　一直在找一本書，可以幫助我在指導論文寫作時，不只讓學生知其然，也知其所以然。想起有人說，找不到就自己寫。

　　坊間已經有很多關於論文寫作的手冊、食譜，教導我們如何一步步地完成論文這道菜。雖然我們也開始可以看到，有書籍探討食譜設計背後涉及的食品科學[1]；但是關於寫作，還沒有這樣的書。就主旨而言，這本書不只是關於如何寫論文，更重要的是論述為何要這樣寫；就適用的範圍和內容而言，這本書也不只是關於如何寫論文，其中的原則也適用於其他類型的文章。

　　如果有一篇由人工智慧寫的學術論文通過了學術期刊的審查，至少在目前，大部分人恐怕不是覺得這個人工智慧寫作系統很厲害，反而認為這顯示期刊的審查很隨便。換言之，實際上這篇論文可算是已經通過圖靈測試[2]，但許多人會直接質疑是測試鬆散，而不是稱讚寫作機器人高明。為什麼機器人寫的文章應該很容易看得出來？寫作機器人需要擁有哪些能力？除此之外，為什麼大量使用華麗的修辭和絢麗的辭藻不好，而是要言之有物？廢話、贅詞、錯字會對讀者的閱讀造成什麼影響？為什麼有些文章和故事會吸引人？為什麼找出自己文章的錯誤很難？為什麼知識是力量，但也是盲點的起源和偏見之母？這些是本書要回答的其中一些問題，而大部分的答案是根據認知心理

學的理論和研究發現。

　　這是一本以認知心理學的角度，分析寫作歷程的書。為了幫助你決定要不要繼續讀下去，我想先說明哪些不是這本書的主要目標。

　　雖然本書的架構來自認知心理學的理論，所有的論述也儘可能根據認知心理學的研究成果，但本書有別於一般教科書，不只是介紹認知心理學的知識。當然，透過本書，你會知道大部分基礎的認知心理學理論和許多相關的研究及應用。此外，本書的重點是寫作的認知歷程，而不是關於特定寫作技巧、方法或格式的建議，但本書會討論那些寫作相關建議背後的理由。對已經有認知心理學背景的讀者而言，這本書呈現的是一個基礎心理學知識應用的例子。

　　另外，本書只適用在作者的目標是寫出愈多人懂愈好的文章，而且他相信這是一個可以透過學習而達成的目標。因此有幾種情況不在本書的討論範圍。首先，如果作者的目標讀者只是少數專業人士，那麼本書的用處可能不大。有些人可能認為某些文章難讀是無可避免的，專業術語或某種特定的表達方式本來就只有某些人才懂。其次，若作者的目標並非寫出容易讀的文章，反而認為透過難讀的文章，才能展現作者擁有高深的學問，或掩飾作者實際上不清楚要表達什麼，那麼很明顯的，這不是本書的宗旨。最後，如果你認為寫出好文章是天縱英才的結果，而且後天學習所扮演的角色很少；或者你認為寫作的歷程是神祕的，而且應該維持在霧裡看花、水中撈月的狀態，這本書可能很難吸引你。

　　本書闡述的是基礎的寫作歷程，不限特定的文體或目的。最終目標是希望你可以透過本書所討論的理論和研究，了解寫作所涉及的基本認知歷程，進而可以最簡略的文字寫出語意精準的文章。但基於以下兩個理由，大部分時候我會以學術論文的寫作為例。首先，雖然完成一篇文章所需的基本能力可根據認知心理學的理論架構分析，但寫作是藝術，包含各種已知的、可以想像的和想像不到的文體和目標，認知歷程的分析無法以偏概全。學術論文則有比較一致的規範和明確的目標，因此比較容易根據實證研究分析其涉及的認知歷程，並進一步找到增進論文品質的方法。其次，學術論文寫作的目標是有效地傳達作者的論述和研究成果，這也是大部分寫作的目標。日常生活中的寫作通常是為了傳遞訊息或推廣理念，因此關於學術論文的分析與建議一樣適用。寫作的需求無所不在：在學校裡，你需要寫作業、寫報告、寫考卷。就業後，你需要寫更多的報告。藉由成功的書面文字表達，你可以拿到學位、找到工作，進而升級、升等、升官。就算你是透過電子郵件、簡訊、臉書、部落格來表達，和論文寫作一樣，你的主要目標是有效溝通。

　　科學研究的結論只是此時此刻我們對某些現象的了解，這些結論隨時可能被修正。本書的重點是認知心理學在寫作上的應用，而非認知心理學的理論本身，因此我會將討論的重點放在比較有共識的理論和研究結果上。我也會盡量避免在書中使用專業術語或外文，因此在閱讀本書時，你並不需要具備心理學的背景。但我會說明且列出相關

研究的參考文獻，這些文獻主要涵蓋，發表最原始或最近研究成果的論文，以及較完整的回顧性文章。如果透過提供和討論這些學術文獻，可以啟發學者從事有關中文寫作認知歷程的研究，或可以提供第一線的寫作教學者有用的寫作原則和理論基礎，那將會是本書意外且珍貴的收穫。

　　有原則就有例外。本書提到的原則和建議一樣可能有例外；如果你在讀了這些原則或建議之後，有不同的看法或想到一些例外的情況，不但值得鼓勵，更可能是你理解本書內容且具創造力的展現。況且本書的重點是論述這些原則和建議背後的理由，目的是希望讀者可以舉一反三，而不是拘泥於特定的規範。本書中關於寫作食譜的建議只是例子，你可以根據這些做菜的原則端出自己的美食。也因此，本書中不同的章節裡，有些關於寫作的建議雖然類似，卻是基於不同的理由。此外，許多作者在提出關於寫作的建議時，經常會同步地犯下自己建議要避免的錯誤。例如，《英文寫作風格的要素》[3]這本書的作者自己就使用了不少書中建議讀者應避免的文法句型。這個很難避免的矛盾，不也部分地說明，所有的原則都有例外嗎？最後，本書建議論文最好避免使用問句和驚嘆號！

　　關於寫作能力，老一輩總是抱怨一代不如一代。看看這些描述：

　　許多任教中學、大專的老師，常常感嘆這一代青年的思想，不如前一代青年同齡時成熟，國文程度與發表能力亦不如前一代青年同齡

時水準高。他們常說，一個大學畢業生連張便條紙都不會寫。

「現在人的國文程度壞透了！」這幾乎是到處可以聽到的一句嘆氣話。據說美國人的英文程度也不行。普林斯頓這樣第一流的大學，大一學生的英文就不通，寫不出完整的句子，沒有文法，拼法很糟，害得大學當局要設補習班來加強訓練。

這兩段文字都摘錄自1977年的報紙。看起來這個問題不分古今中外。

我相信你可以找到更多和年代更久遠而表達類似憂慮的例子。關於寫作是否隨著世代交替而變差，如果沒有清楚的比較標準，我們很難證明一代不如一代。但可以確定的是，寫不好的例子隨處可見。從產品說明書、法規條文到學術論文，我們可能都經驗過讀後不知所云的挫折。本書最終希望說服你相信寫作是困難的。寫作是非同步的溝通、是將網絡或階層式連結的概念轉換成直線排列的文字，且涉及從基礎到複雜、從個體認知到社會認知等多個層次的心理運作。在多年從事認知心理學的研究與教學過程中，我經常驚嘆於人類認知表現的潛能和適應力。期待讀完本書，你也一樣會體認到成功地完成一篇文章是人類大腦一項非凡的成就。

▌註文

1　本書的目的類似以下這本討論料理的書，重點在解答「為什麼？」
Crosby, G. (Ed.). (2012). *The science of good cooking: master 50 simple concepts to enjoy a lifetime of success in the kitchen*. America's Test Kitchen.

2. 圖靈測試指的是僅藉由一連串的問答來分辨機器人和人類。如果最後我們無法分辨回答問題的是機器還是人類，那麼我們就會說這個機器人通過了圖靈測試。

3. Strunk Jr, W., & White, E. B. (2009). *The elements of style* (5th ed.). Boston: Allyn and Bacon.

目　錄

第一章　慎思明辨：認知心理學　　001

第二章　三頭六臂：工作記憶　　019

第三章　行雲流水：自動化　　049

第四章　知己：後設認知　　073

第五章　知彼：心論　　105

第六章　名正：概念與定義　　131

第七章　言順：思考與推理　　161

第八章　說故事　　191

慎思明辨：認知心理學

▌人類的故事

下面這個故事的細節有些無法確定是眞的，有些未來可能會被改寫[1]。

現代人類大概在二十萬年前出現在地球上，這些人一開始以採集和狩獵爲生，已經會使用簡單的工具和火。比起其他動物，他們製作的工具更容易使用、更專門，有助於狩獵和採集食物。食物用火烹調後更容易消化、更具有熱量，因此胃可以變小、腦可以變大，就算大到可能造成女性生產時的危險。愈來愈發達的大腦讓人類可以更加仰賴所發明的工具，以至於有更多的時間思考，終究主宰整個地球。

人類文明從漫長的舊石器時代進入新石器時代，冰河時期結束後，開啓了農業社會。城市在各大河岸形成，人口快速增加，農耕技術不斷進步。爲了保護農地有了武器，也開始有宗教信仰，有政治組織和律法。但是讓人類眞正變成萬物之靈的是語言的發展，語言可能和意識的產生有密切關係；語言讓溝通更精確、有效，人類因此可以互相教導和學習。文字的發明讓這些傳承可以跨越時空和世代，知識

可以快速地累積、散播。沒有人可以單獨完成所有的事，但透過分工合作，人類可以創造出其他動物望塵莫及、無遠弗屆、不可思議的文明。

文明的進展顯示人類的思考愈來愈細緻、複雜和抽象，人類也開始探索關於思考的問題。

▍認知心理學前傳

有一天你在森林裡散步，突然看見一棵樹倒下來，並聽到巨大的聲響，接著看到一隻松鼠快速逃跑。

讓我們先試著回答以下幾個問題：

如果你沒有在森林裡看見那棵樹，那棵樹存在嗎？

如果樹倒下來的時候你不在森林裡，你可以確定樹倒下來時有聲音嗎？

如果下次樹再倒下來，而且你已經不記得上次的經驗，在樹倒下來之前，你可以確定這次還是會有巨大的聲響嗎？附近的松鼠還是會逃跑嗎？

如果有另外一個人也在森林裡，他看到的樹、聽到的聲音和你一樣嗎？

對於這些問題，你可能會覺得很簡單，而且答案理所當然。但是對於以下的問題，有些你可能就沒有那麼確定。

　　你如何確定你真的看到樹？有沒有可能只是在做夢？你如何確定你不是一個設計完美、具有感官和意識的機器人？

　　我們如何確定那個獨立於我們感官的世界真的存在？那些看不到的物體依然存在？那些看不到的事件照常發生？

　　我們所擁有關於樹木、松鼠和聲音的知識，是怎麼來的？

　　我們如何確定過去發生的事情在未來依然會再發生？

　　我們如何知道別人看到的、聽到的、想到的和我們一樣？如何知道他不是機器人？

　　「認知」是指所有和思考有關的活動，認知心理學是研究個體如何思考的學科。人類不只會思考，人類也會探索關於思考的問題。認

知心理學的故事是一個關於人類如何探索思考的故事。

　　我們無法確定人類從什麼時候開始探索關於思考的問題。但恐怕很難想像，在本世紀之前長遠的人類歷史中，在全世界各地眾多的文明裡，這類的探索開始於一個特定的地區，而且只出現在一些思想家腦中。當然，這種偶然還是有可能來自因緣際會、天時地利人和。但更可能的情況是，與這些思想和思想家有關的文獻被較完整的保留下來，而且文獻的內容比較詳細、有系統，也因此對後來認知心理學的影響比較大。

　　典型的故事起頭是西元前五世紀的希臘黃金時代[2]。在那個時期發展出的哲學、數學、戲劇、醫學和民主政治影響至今，其中哲學家開始以理性，而不是神學來了解人。接下來羅馬時期的宗教結束了古典希臘哲學的發展，圖書館和古典書籍被焚毀，學院被關閉。上帝和魔鬼被用來解釋大部分的事物：萬物的運作都有目的和動機，而這些動機是來自上帝的旨意，上帝的原則是完美和最高的指導原則。在這個時期，有些希臘古典文獻被阿拉伯世界的回教徒翻譯、保存下來，之後有學者帶回西方。西元十四世紀之後，印刷術讓文獻得以廣為流傳，航海家發現了和當時地圖上不同的世界，不同的宗教和文化開始交流。上帝的旨意愈來愈難用來解釋觀察到的現象，透過儀器的觀察，學者們開始主張，天體運作遵循的是自然的機械律。這些改變帶來了復興和啟蒙，也開啟了十七世紀至今的科學發展，並影響人類對思考相關議題的探索。有些問題被問了二千多年，以下幾個例子中所

提出的看法，至今仍然影響認知心理學的理論和研究。

　　首先，關於你如何確定你所經驗到的一切不是錯覺，你不是一個機器人，法國哲學家笛卡兒認爲我會懷疑和思考這些問題，就代表至少可以確定我是存在的。換言之，懷疑和思考的背後一定存在一個心靈的我，就算我們無法確定物質的我存在。至於那個獨立於我們感官的世界是否存在，十七世紀有哲學家認爲不存在或者我們無法確定。例如，愛爾蘭哲學家巴克萊認爲那個獨立於我們感官的世界並不存在，只有那些知覺到的才存在，而我們所知覺不到的世界，它的存在和運作是透過上帝。笛卡兒由懷疑物質我的存在，而推論物質的我獨立於那個可以確定存在的心靈我；心靈我可以思考但不占空間，物質我則無法思考但存在空間中。物質我是上帝創造的機器，遵循物理的原則，而心靈我則讓人類有別於其他動物，是一個可以思考推理、可以控制和預測自己反應和行爲的主體。這些和自我意識有關的問題，應該是目前認知心理學家所面對的最困難問題。對於主觀的意識經驗是怎麼來的，以及它與物質組成的腦之間的關係爲何，目前學者們依然沒有共識。有人主張身心有交互作用、互爲因果；有人則將心理現象視爲只是大腦運作下的副作用、連帶發生的現象。

　　其次，關於知識來源的辯論，可能是早期哲學家對現代認知心理學最大和最直接的影響。亞里斯多德認爲知識是透過感官和經驗累積而產生。英國哲學家洛克更主張出生時的心靈如白板，所有的知識和觀念都是後天藉由感官而獲得。愛爾蘭哲學家巴克萊認爲來自感官的

世界才眞的存在，蘇格蘭哲學家休姆主張觀念與知識來自感官所獲得的印象和經驗，而非純粹的推理或上天的恩賜。這幾位學者都強調，對外在世界的感官知覺、觀察、經驗是觀念和知識的來源或基礎；換言之，在經驗產生之前知識並不存在。但這種主張無法解釋，我們如何學習經驗中的普遍性和規律性，如何藉由過去的經驗預測未來，以及如何獲得獨立於經驗的抽象概念和推理能力。有另一群哲學家主張我們天生具備某些概念和理性推理的能力，而且理性和思考才是知識的核心。蘇格拉底認爲知識的起源是來自我們知道自己無知，對所有事情都抱持質疑的態度，包括上帝；我們可以透過理性來了解世界的運作，知識是來自對話、辯論和推理。柏拉圖進一步指出我們看到的只是事物的影子，用來提醒我們那些先天具備、超越感官的完美觀念或形式。這個完美、典型的概念，類似於現今認知心理學家所稱的「原型」。笛卡兒認爲感官經驗並不可靠，我們經驗到的可能只是錯覺。德國哲學家康德則認爲有些概念是天生具備的，不可能來自經驗；這些大腦中內建的概念，譬如時間和空間，是知識取得的基礎，它讓我們得以從經驗中學習。目前研究認知發展的心理學家會藉由觀察剛出生不久的嬰兒，來探討有哪些基本能力可能是先天具備的。

再者，關於我們如何確定過去發生的事情在未來依然會再發生，十八世紀的哲學家休姆認爲實際上我們沒有辦法確定。一方面，休姆應該算是認知科學的先驅。他受自然科學研究的影響，主張我們應該藉由理智和實證觀察，而非宗教來探討人的本性。另一方面，他質疑

我們了解任何事情的可能[3]。例如，我們只能觀察到事物的活動，像是甲移動之後，乙跟著移動，而無法實際看到和確定甲、乙之間的因果關係。他也認為我們無法確定過去發生的事，在未來依然會發生。例如，我們無法確定下一次甲移動之後，乙又會跟著移動，因為這個尚未發生的事件無法觀察到，也無法由邏輯推論而得。後來的奧地利哲學家波帕也認為我們無法以重複觀察到的現象來支持科學假設或理論，因為我們永遠無法確定未來又會觀察到相同的現象。例如，我們沒有辦法由一再看到白天鵝，而確定所有天鵝都是白色的。相反的，科學研究的核心在於提出可以被檢驗和推翻的假設或理論，這也是目前大部分認知心理學研究所遵循的原則。

最後，關於我們怎麼知道我們面對的他人不是機器人，以及我們如何知道別人看到的、聽到的、想到的和我們一樣，兩者都有哲學家認為不可能。例如，笛卡兒主張我們無法確定他人的心靈存在。例如，我們無法知道我們看到的他人是不是機器人。奧地利哲學家維根斯坦認為，用來描述自我內在世界的語言，無法完整、確實地表達真正的狀態，因此，我們無從知道別人看到、聽到、想到的等主觀經驗是否跟我們一樣。對於現在的認知科學家和發展人工智慧的學者而言，探討機器人和真人的差異依然是一個重要的核心議題；而關於我們如何理解別人的內在世界，則是現今社會認知相關研究的基礎問題。

人類對思考的探索歷經神學、哲學到認知心理學；從獨斷和權威到理性的內省和推理，到目前有系統的觀察和科學的實證研究。有關

現代科學的起源，最著名的應該是義大利科學家伽利略以實驗方法和儀器探討天文現象。英國哲學家培根更是明確地指出，我們不應該只靠理性和邏輯，而是應該以包括觀察、資料分析和歸納推理的科學方法來獲得知識，發展科技。認知心理學的發展遵循著同樣的軌跡。哲學家透過思考、推理和日常生活的觀察來探索有關人類思考的議題，當研究者不只在散步時或在搖椅上思考，而是走進實驗室中，觀察和蒐集有關人類思考的資料，就開啓了現代認知心理學。

▋認知心理學的故事

十九世紀後期，德國心理學家馮特在萊比錫大學建立的第一個實驗室，被認爲開啓了現代心理學發展的序幕，心理學自此得以成爲獨立的科學領域。實際上，在同一時期或更早之前，就已經有多位對心理學有興趣的生理學家和物理學家以實驗法研究反應時間、感覺、知覺和記憶。他們透過實驗所累積的各種認知歷程相關知識，至今仍然影響認知心理學的研究。但馮特讓心理學正式掛牌，他的實驗室不但產出各類的學術著作，更培養了許多讓心理學在各地開枝散葉的人才。

十九世紀末自然科學的進展和達爾文提出的演化論，都直接或間接地促使了行爲主義的發展。行爲主義學者華生在1913年發表的論文，標記了一個新研究派典的起點[4]。早期心理學實驗的資料主要來

自參與者主觀的內省和自我報告，行為主義的學者認為這些資料不可靠、不具科學價值。心理學應該要成為像物理、生理和生物學一樣真正的自然科學，應該採取純粹客觀的科學方法、找出操作型定義，並研究可直接觀察和測量的行為。心理學研究的目標是預測並控制行為，而不只是理解心理現象。無論多複雜的行為都可以化約成刺激和反應的連結，行為和驅動行為的刺激才是研究的重點，而不是意識、思考及精神狀態等無法直接觀察到的歷程。人就像哲學家洛克所說的，是一個白板，因此環境可以決定行為，先天遺傳因素被完全忽略。人也跟動物沒有本質上的差異，小鼠和鴿子等動物經常成為主要的研究對象，因為這類研究比較容易在控制的環境下進行。二十世紀的前半段行為主義在美國蓬勃發展，當時的心理學家們試圖將無法直接觀察的心理歷程，排除在心理學探討的主題之外[5]。但是鐘擺很快地擺向另一端，心理歷程這個黑箱，接下來反而是心理學研究的主要對象。

　　行為主義的原則無法解釋許多實驗室和日常生活中觀察到的行為。例如，酬賞無法解釋小鼠為何可以記得複雜的空間位置；小鼠在迷津裡找食物時，比較像是腦中有地圖幫助「思考」。酬賞也無法讓所有的動物都可以學會所有的行為。此外，行為主義的理論無法解釋人類為何可以在短時間內學會母語，並說出從未聽過的句子。行為主義本身的限制，加上數位電腦的發展及學術派典的轉移，於是有了1950年代的認知革命[6]。自此，認知心理學的理論和研究取向不但成

了心理學的主流，它也提供了一套心理學家們共同使用的語言[7]。相對於心理歷程這個無法直接觀察的黑箱，大腦造影等相關技術的發展，讓研究者可以直接觀察大腦的活動；換言之，大腦不再是黑箱。近幾十年，不斷精進的科技所推動的認知神經科學研究，對認知心理學的影響並不小於之前的認知革命[8]。研究人類認知的學者還包括神經科學家、探討訊息處理流程的電腦科學家、主張不同文化有不同思考模式的人類學家，以及研究語言學習和使用的語言心理學家。在討論寫作的認知歷程之前，我們需要了解當今認知心理學涵蓋的範圍。

▌認知心理學的現況

　　心理學是研究個體行為和心理歷程的科學。心理學家不只提出理論或假設，也同時觀察和測量行為。換言之，心理學家藉由蒐集到的實證資料來探討心理歷程、檢驗心理學的理論。心理學的知識是以科學的方法取得，而不是來自權威、直覺、信仰或單純的推理。最明顯的例子是，古今中外各領域的學者對嬰兒的本性和認知能力，有各式各樣的臆測、想像和主張，但是大概只有心理學家會透過實證研究來檢驗[9]不同的理論。

　　雖然心理學家最終關心的是心理歷程，但他們是透過觀察和測量行為來推論這些歷程，因為只有行為和反應可以直接被觀察和測量，無論是否需要透過儀器，也無論是神經細胞的反應或複雜的社會行

為。其中一種常見的測量是反應時間。在測量了兩個不同任務的反應時間之後，若發現完成其中一個任務所需要的時間比較長，研究者會推論這個任務涉及較複雜的認知歷程。舉例而言，有研究發現決定Aa是否是相同的字母，比決定AA是否相同，要花較長的時間[10]。我們可以由這個研究的結果推論，前者的判斷涉及額外的認知歷程，儘管我們無法直接觀察到這個歷程。近數十年以來，認知心理學家開始可以利用各類技術和儀器，直接觀察人類行為過程中的相關大腦活動，但這並沒有改變心理學是實證科學的本質。有趣的是，就算是反對身心二元論、主張身心互相影響的學者，有些仍會視觀察到某個行為有伴隨的大腦神經活動，為出乎意料的發現；大眾媒體的報導更是常將這類研究發現，誇大為找到了行為成因的最終答案。

　　對認知心理學家而言，思考指的是訊息的處理。處理的方式包括：較低階的感覺、知覺和訊息過濾，以及較高階的學習、記憶、語言、推理、決策和判斷，或在腦中對訊息做任何形式的操弄。顯示處理過程和處理結果的反應或行為，是認知心理學家觀察和測量的對象。認知心理學主要探討的是處理過程中的表徵和歷程。表徵指的是訊息儲存的形式，像是同樣的概念我們可以用語文或圖像的方式儲存在大腦中。歷程則是大腦運作下的訊息轉換，例如，在感覺歷程中，物理能量變成神經訊息；在記憶的過程中，字形與字音的訊息很容易隨著時間消失遺忘，只有字義的訊息會被較長久的留下來。認知心理學家研究的對象，包括從僅有少數細胞的低等生物到複雜的靈長類。

除了基於研究方法和工具上的理由，了解非人類動物的認知，可以讓我們知道認知歷程和能力的演化過程，以及人類的獨特性。

在研究各種認知歷程的過程中，心理學家們發展出一個關於人類訊息處理的架構[11]。根據這個架構，人類處理訊息的流程，就像數位電腦一樣，包含輸入、輸出及兩者之間的訊息操弄或轉換。外在訊息透過感官進入認知系統，這是感覺，也就是輸入。當這些訊息達到足夠的強度並且刺激適當的感官，我們就會有各種感覺經驗。例如，看到影像、聽到聲音或感覺到溫度。若是我們進一步地辨識、整合和理解這些感覺經驗，我們就會形成知覺經驗。例如，接收和整合了各種形狀和顏色的訊息之後，我們可以辨識出蘋果或認出一個熟人。我們只會注意到有限的訊息，而不會同時知覺到所有的感覺經驗。有些訊息會被過濾掉，而導致我們視而不見或聽而不聞。在所有我們知覺、注意到的訊息中，又只有某些訊息會被保存下來，保留下來的就是記憶。我們如何處理這些訊息，會決定後續記憶保留的短暫或久遠。我們會根據由外在輸入和由內在記憶中提取的訊息，從事計算、推理、決策、問題解決和語言處理等認知運作。最後，訊息處理的結果決定我們的反應，也就是輸出。大部分研究者相信，所有行為的最終目的是透過適應和改變環境，來促進個體和族群的生存與繁衍。對人類而言，最重要的環境是他人，最重要的訊息處理是處理關於他人心理狀態的訊息；人類因而發展出許多有別於其他動物、獨一無二的社會認知能力[12]。

　　我們可以根據這個訊息處理架構來分析所有複雜的行為和涉及認知歷程的任務。以寫作而言，首先，我們需要依賴感覺、知覺和動作反應才能產出文字。在本書中，我會以手寫來代表所有形式的文字產出方式。雖然大部分時候我們用的是電腦相關的輸入工具，手寫可能已經很少見，但這並不影響關於寫作歷程的討論。其次，我們需要依賴記憶才能提取要表達的內容、才會知道我剛剛寫了什麼和接下來準備要寫什麼。我們也需要具備推理和問題解決的能力，才能適當地安排語言材料，進而達到有效傳遞訊息或信念的目標。當然，我們還需要具備各類語言相關能力，才能結合字、詞、句子及段落，以完成一篇文章。我們也需要擁有某些社會認知能力，才能知道讀者是否可以根據我們寫的文字，而理解文章所要表達的意思。就算具備了以上這些認知能力，仍然無法保證我們可以寫出好文章；但任何一項認知能力有缺損，都會造成寫作困難或成品不如預期。

▌三個支柱、兩個原則、一個故事：本書的邏輯和架構

　　關於本書的組織和內容，首先，本書提出寫作的三個支柱。就像廚師要完成一道菜需要有柴火、食材和技巧，以及了解顧客如何感知食物，寫作時我們需要有足夠的認知資源、具備寫作相關的知識和技能，並可以監測自己和讀者的心理。這三個支柱缺一不可，增進寫作

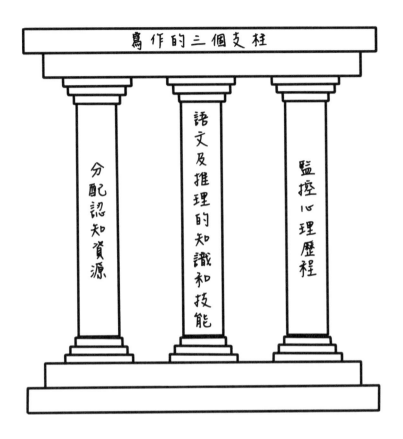

的能力就是加強這三個支柱。若是將寫作學習和訓練的重點，完全放在培養寫作相關的知識與技能上，這就像廚師只關心食材和技巧，而沒有掌控能源和柴火，不了解顧客對食物的感知。在這個情況下，不但寫作相關知識和技能的培養會事倍功半，更是無法發揮促進寫作表現的功效。其次，本書內所有的寫作相關建議都是基於以下兩個原則：減輕讀者的認知負荷和將心比心地從讀者的角度思考。最後，本書主張我們應該以說故事的心態來思考和組織文章的內容。

　　本書的內容就是闡述這三個支柱和兩個原則的理論及實證基礎，並且大致以上述的訊息處理架構，來分析寫作涉及的認知歷程。前六章討論三個支柱，分別涵蓋以下三個層面：基礎的認知運作、後設與社會認知，以及概念與推理。

　　基礎的認知運作提供能源和柴火。寫作是一種多工任務，寫作時，我們需要同時完成好幾件事。每一項任務都可能需要認知資源，而我們的整體認知資源有限，無法在同一個時間內注意到所有的內外在事物，並完成所有的任務。因此，如何分配和善用有限的認知資源，以及如何降低對認知資源的需求，是寫作歷程中的一大挑戰。對於克服這個困難，認知心理學中關於寫作歷程的分析，以及工作記憶和認知資源相關議題的研究成果，可以提供一些具體的建議。

　　後設與社會認知是關於了解自己和讀者。寫作是後設認知的具體展現，顯示作者是一個可以根據自訂目標而行動的主體。在寫作的過程中，作者必須不斷地偵測和修正自己的寫作行為和結果，才能評估是否已經達成所設定的寫作目標。寫作也是社會行為，是一種角色扮演，作者需要想像讀者的存在，並可以了解和預測讀者的認知及情緒反應。本書將討論認知心理學中，有關後設認知和社會認知的最新研究，並藉此提供寫作的相關建議。

　　關於寫作內容的知識是寫作的食材，語言和推理能力則是技巧。寫作的過程就是思考和推理的過程。關於語言、概念、推理和決策判斷，古典哲學和理論經濟學分別提供了許多重要的原則、架構和理論

分析，認知心理學家則進一步直接觀察和蒐集人類行為的相關資料。在這兩章中，本書將根據認知心理學長期累積的研究成果，討論語言和概念的關係、知識的結構和組織、思考的特性、偏誤和侷限，以及這些特性、偏誤和侷限在生存和適應上的價值。基於這些研究成果的建議，有助於我們寫出概念清楚、內容一致、連貫且合理的文章。

最後一章回顧認知心理學中與故事結構有關的研究，討論故事的功能和為何可以產生各種深遠的影響，並以論述說故事是最自然和有效的寫作方式作為本書的總結。

▌註文

1. 這裡的內容主要參考 Tignor, R., Adelman, J., Aron, S., Kotkin, S., Marchand, S., Prakash, G., & Tsin, M. (2014). *Worlds together, worlds apart: a history of the world from the beginnings of humankind to the present.* WW Norton.

2. 這些歷史主要來自 Russell, B. (1972). *A History of western philosophy.* Simon & Schuster.

3. Hume, D. (2003). Of Knowledge and Probability. In D. Hume., *A treatise of human nature* (pp. 472-479). Courier Corporation.

4. Watson, J. B. (1913). Psychology as the behaviorist views it. *Psychological Review, 20*, 158.

5. Boring, E. G. (1950). *A history of experimental psychology*. (2nd ed.) New York, NY: Appleton-Century-Crofts.

6. Gardner, H. (1985). *The mind's new science: A history of the cognitive revolution*. New York, NY: Basic Books.

7. Neisser, U. (1967). *Cognitive psychology*. New York, NY: Appleton-Century-Crofts.

8. Rose, N., & Abi-Rached, J. M. (2013). *Neuro: The New Brain Sciences and the Management of the Mind*. Princeton University Press.

9. Haith, M. M., & Benson, J. B. (1998). Infant cognition. In W. Damon (Ed.), *Handbook of child psychology: Vol. 2. Cognition, perception, and language* (pp. 199-254). Hoboken, NJ, US: John Wiley & Sons Inc.

10. Posner, M. I., & Mitchell, R. F. (1967). Chronometric analysis of classification. *Psychological Review, 74,* 392-409.

11. Atkinson, R. C., & Shiffrin, R. M. (1968). Human memory: A proposed system and its control processes. In K. W. Spence & J. T. Spence (Eds.), *The psychology of learning and motivation: Vol. 2. Advances in research and theory*. New York, NY: Academic Press.

12. Tomasello, M. (2019). *Becoming human: A theory of ontogeny*. Belknap Press.

第二章

三頭六臂：工作記憶

在一齣經典的英國情境喜劇中，主角是一位從未停止抱怨的退休老先生。有一次正在閱讀報紙的太太受不了，而大喊：「天啊，你可以閉嘴了嗎？你知道這一段文字我已經讀了幾次了嗎？」你可能也會有類似的經驗：別人講電話的聲音、街上的吵鬧聲，都會干擾你閱讀，也會干擾寫作，讓你需要重複地檢查你已經讀到、寫到哪裡。講電話會影響開車，但如果對話內容是關於東西放在辦公室的哪裡，或離澳洲最近的國家是哪一個，那麼講電話對開車的干擾會更大。在這幾個例子中，被干擾的人並沒有在回想過去發生的事情，也不需要回憶特定的人時地物，以應付眼前的問題。這時候是否需要依賴記憶？若是你已經擁有一個可將任何訊息記錄下來的工具，這時候你是否還需要記憶？我們在思考、解決問題、計算、閱讀、做決策或從事其他複雜的認知任務時，看起來不涉及記憶，但實際上，你需要仰賴一種稱為工作記憶的短暫記憶。如果你的這種短期記憶產生問題、無法正常運作，你不只會忘記剛剛發生的事情，更重要的是，你會無法有意識地完成很多認知任務。

以下這些典型的例子，可以說明工作記憶的重要性。首先，你需

要靠工作記憶來理解別人說的話，或你正在閱讀的文章。要理解現在聽到的話，你需要還記得前面剛聽過的句子；要讀懂眼前的文字，你需要記住前面剛讀過的句子。否則，就算你可以理解每一個字詞和文句，你也無法藉由將它們結合，而了解一段話或一段文字的意義或主旨。換言之，除了理解文章中的語言，閱讀時你還需要可以隨時記住一定數量的訊息。其次，如果你沒有這種短期記憶，你將無法在腦中、不依賴任何工具地解決以下的數學問題：你拿一百元去買三支每支十八元的筆，會找回多少錢？為了解決這個問題，你除了需要具備加減乘除的數學運算能力，在計算的過程中，你還需要同時記住100、18、54和46等數字。此外，在沒有任何工具的輔助之下，你需要依賴這種短期記憶來思考、推理或進行決策和判斷。例如，為了決定聚餐的地點，你需要同時考慮價錢、食物種類、距離、裝潢或氣氛等因素。你需要暫時記住「58732」，才能正確地回答這一串數字倒過來的順序是「23785」。

工作記憶讓你在腦中短暫地保留些許訊息，這些訊息在消失之前，可以讓你完成各項的認知任務。但工作記憶中能儲存的有限，因此如果你要完成的任務運作太複雜、選項太多，你還是得借助於外在的輔助工具。例如，除了要考慮多個因素，候選的餐廳也有好幾個，或數學問題的運算冗長、複雜。在這些情況下，決策或問題解決的過程會令人應接不暇，以至於除了工作記憶，你還需要同時借助於其他輔助工具來保留和處理訊息。但無論如何，工作記憶讓我們可以有意

識地思考，無法完全以外在的記錄工具代替。

　　本章首先介紹工作記憶的概念、理論及相關研究，接著闡述工作記憶與寫作的關聯，最後討論降低工作記憶負荷對作者寫作和讀者閱讀的重要性。

▌工作記憶的意涵

　　工作記憶是認知心理學中一個重要的概念和研究主題，也是一個意涵分歧的概念，但是所有的學者都認爲它和短期記憶有關。望文生義，短期記憶是短暫保留的記憶，至於確切的時間長度，學者間並無共識，但多數的認知心理學家不會將超過數分鐘的記憶稱之爲短期記憶。打電話時能夠記住電話號碼，就是靠著我們可以將訊息暫時保留在短期記憶中。若是我們沒有持續地注意和複習這些訊息，它們就會很快地消失，因此稱爲短期記憶。這些訊息在沒有用處之後消失，可以避免對其他訊息產生干擾。除此之外，如果沒有採取任何的記憶策略，通常我們也只能儲存三到五個單位的訊息在短期記憶中[1]。短期記憶中訊息保留的數量有限，這樣可以使所有的訊息都被清楚地記住，而且不會彼此干擾。這種短暫儲存訊息的能力有重要的功能，我們藉由它才能完成複雜的認知任務，因此有學者稱它爲工作記憶[2]。相對於工作記憶，短期記憶是一個比較中性的詞，它以時間的長短而和長期記憶區分；工作記憶的意涵則是各唱各的調，決定於學者所提

出的理論。

最早的工作記憶理論主張工作記憶的功能是，提供一個認知運作的平臺，這個平臺讓我們可以同時處理許多訊息，讓我們可以同時儲存、提取、比較、連結或整合這些訊息。這個理論提出一個包括四個子系統的模型，並主張不同種類的訊息由不同的工作記憶子系統儲存和處理[2]。換言之，工作記憶不是一個單一的系統，不同的子系統負責不同的訊息或任務。有兩個子系統分別儲存和處理語文及圖像這兩種形式的訊息，認知心理學也累積了較多與這兩類訊息相關的研究成果。第三個子系統負責儲存和處理較複雜的訊息。第四個子系統則是指揮中心，負責協調和控制其他三個子系統。

▌語音和視覺的工作記憶

在理解語言時，我們需要短暫地儲存語文形式的訊息。實際上，人類已發展出一套可以自動且有效地暫存語文訊息的方式。我們會用記住聲音的方式來保留聽到的文字。你可能會認為這是理所當然的；但有研究顯示，就算是對於看到、讀到，而不是聽到的文字，我們同樣也會用記住聲音的方式來保留訊息。在一個早期的實驗中，參與者要記住的語文材料是以視覺的方式呈現。結果發現，若實驗參與者的回憶有錯誤，他們並不是錯誤地回憶出形狀類似的文字，而是錯誤地回憶出發音相似的文字。由這個實驗的結果可以推論，在記憶的過程

中，就算是對於看到的文字，參與者仍是以語音的形式來儲存[3]。

　　這個短暫的語音儲存系統稱做語音迴路，是工作記憶的子系統之一。它可以將語音的訊息保留大約二秒鐘。在這段時間內，若是我們什麼事都沒做，這些訊息就會消失[4]。我們需要啓動語音迴路的另外一個功能，訊息才能夠被保留下來，這個功能就是複誦。爲了記住電話號碼，通常我們會重複地唸著這些號碼，可能發出聲音，也可能只是默唸。這種將訊息保留在短期記憶中的方式稱爲複誦。訊息會隨著時間流逝而自然地消退，因此我們需要重複地唸出或默唸電話號碼，直到我們不需要記住這些數字爲止。既然複誦可以留住訊息，而且訊息在沒有複誦的情況下，可以維持約二秒鐘，那麼如果我們複誦的速度愈快，我們應該就可以儲存愈多的訊息。這就像是我們有一段錄音帶，它有固定的錄音時間長度，我們說話的速度如果愈快，就可以錄下愈多的文字。有許多研究的確發現這個結果[5, 6]。同樣的，我們能夠短暫儲存的文字數量，會隨著文字的發音時間變長而減少。在拼音文字裡，這樣的現象更明顯。想像你要記住一些單音節的英文字，相對於多音節的英文字，你會發現單音節的英文字可以記的比較多[7, 8]。

　　還有一些其他的現象，也顯示我們會依賴語音迴路來儲存和處理語文訊息。首先，當你在閱讀時，特別是那些有一點難度的文章，你會發現其他的聲音會干擾你的閱讀理解。有研究顯示，相對於非語文的聲音，語文的聲音會產生較大的干擾，而且不管這些語文聲音的內容與你正在閱讀的文章內容有沒有關聯[9]。你可能有這樣的經驗：對

你閱讀文章時的理解，有歌詞的音樂，相較於只有樂器聲音的音樂，會產生較大的干擾。這是因為那些來自歌詞的無關語文訊息，占據了語音迴路，以至於你沒有辦法利用它來暫存你正在理解的語文訊息。試著找一篇不太容易閱讀的文章，譬如它是以你不熟悉的語言書寫。然後在閱讀這篇文章時，嘴巴或心中一邊重複地唸數字1、2、3。你應該會發現這篇文章的內容變得比較難理解[10]。由此可見，無論是我們聽到的無關語文訊息，或是我們自己重複發出的無關聲音，都會占用到語音迴路，也都會影響我們同時正在進行的閱讀理解。另外，如上述，語音相似的訊息之間會彼此干擾。這個研究結果也顯示，我們會以語音迴路來儲存訊息。例如，實驗參與者會將字母B記成V，將F記成L[11]。這是因為字母 B和F是以聲音的方式儲存在語音迴路中，當我們在提取這些記憶材料發生困難時，我們比較容易錯誤地從語音迴路中，提取語音相似的字母V和L。

在了解了語音迴路暫存訊息的功能和它對語言理解的影響之後，我們應該可以預測語音迴路的容量與效率和語言能力會有很大的關聯。在工作記憶的研究中，的確有很多證據顯示，工作記憶中語音迴路的容量或效率和母語及第二語言的學習[12]，以及文章的閱讀理解表現有密切關聯[13]。它也可以解釋字彙學習的成效和兒童語言發展的困難，甚至失語症的產生[14]。

工作記憶的第二個子系統是視覺空間模板。這個子系統可以幫助我們儲存和處理與視覺及空間位置有關的訊息。它可以讓我們短暫

地記住關於形狀、顏色和空間位置的訊息；也可以讓我們藉由注意力的維持來避免這些訊息消失[15]。有些形狀、顏色和空間位置的訊息很難，甚至無法用語言來描述，因此不能夠依賴語音迴路來儲存和處理，而需要依賴視覺空間模板這個子系統。例如，你必須完成以下的任務：第一個圖形消失一段時間之後，出現第二個圖形。在接下來的測驗中，你被要求判斷這兩個先後出現的圖形是否相同。爲了完成這個任務，你需要將第一個圖形暫存在視覺空間模板中，直到你完成判斷。視覺和空間訊息的保留通常比語文訊息的保留困難。跟語音訊息一樣，通常我們可以保留大約三到五個單位的訊息[16]，但如果你沒有做任何的處理，這些訊息會稍縱即逝[17]。視覺和空間訊息也可以靠著類似複誦的方式保留，但比較費心力且容易受干擾。

　　大腦和眼球注意的地方有時候會不同，這種現象在學生上課時最明顯。但有時候透過觀察一個人的眼球移動狀況，我們可以知道他在注意什麼，或將注意力放在哪裡[18]。眼睛的注視可以幫助我們將注意力維持在某個空間或某個物體上，而這種注意力的維持，可以進一步讓我們將視覺或空間的訊息保留在工作記憶中[19, 20]，這個過程類似語音材料中的複誦。換言之，就算物體已經不在眼前，透過眼球的注視，我們仍然可以留住訊息。有研究顯示，就像無關的語音訊息會對語文訊息的保留產生干擾一樣，實驗參與者無關的眼球移動，也會對空間位置的記憶產生干擾[21]。就算注意力的維持並沒有同時反映在眼球的注視中，也就是內在的注意力和外在的眼球移動不同步時，注意

力仍然可以促進視覺空間訊息的保留[22]。

除了儲存和處理語言及視覺空間形式的訊息，有些認知任務需要我們結合不同形式的訊息，並加以儲存。例如，為了看懂一部電影，你需要記住其中的各個重要情節，而每一個情節實際上是一個結合各種形式訊息的多向度事件。這個事件包含了視覺、聽覺、甚至味覺、觸覺等其他感官形式的訊息。在大部分的情況下，你需要藉由提取長期記憶中的知識來整合所有的訊息。這些任務是由工作記憶中第三個稱為事件緩衝器的子系統來完成[23]。

第四個工作記憶的子系統稱為中央執行。從認知心理學的角度來看，我們可以將注意力視為一種有限的認知資源，當面臨多個任務時，我們必須有效地分配這些資源。我們也可以將注意力視為一種專注的焦點，為了要同時完成多個任務，我們的注意力焦點需要在不同的任務之間轉換[24]。中央執行這個子系統的主要功能就是透過控制注意力，來監控以上三個子系統[25]。當你在執行一個複雜的任務，或必須同時完成一個以上的任務時，就需要依賴這個子系統來分配和協調你的注意力資源或焦點[26]。中央執行像是一個總司令、像是電腦的中央處理單位。為了完成複雜的認知任務，中央執行這個子系統不但需要執行訊息的處理，它也需要其他三個子系統的協助。例如，我們不但藉由中央執行進行數學的運算，也藉由它同時調度其他三個子系統，來儲存一些數字或其他形式的訊息。就像正在動手術的醫生，他除了必須執行開刀的任務，也要同時指揮和協調幫他拿工具的助手。

三個儲存不同形式訊息的子系統，就像是拿著備用開刀工具的助手，而這個例子中的醫生扮演的就是中央執行的角色。

雖然都是工作記憶的一部分，但語文訊息和視覺空間訊息的保留方式，有本質上的差異。語文訊息保留所依賴的複誦，比較不需要注意力資源，而視覺空間訊息的保留則主要仰賴注意力。相對而言，語音訊息的保留方式比較自動、不費心力，是屬於比較周邊的處理；視覺空間訊息的保留則比較費心力，比較依賴中央執行系統。換句話說，在透過複誦而保留語文訊息時，我們比較可以同時進行其他的認知任務；在藉由中央執行系統維持注意力，以避免視覺空間訊息消失時，若是我們同時要完成其他的認知任務，那麼視覺空間訊息的保留會受到較大的干擾[27]。

若是我們要完成的兩個認知任務依賴的是相同的工作記憶子系統，那麼由於工作記憶的容量有限，我們在這兩個認知任務的表現會受影響，也就是它們會彼此干擾。有些研究顯示，如果兩個認知任務分別依賴語音迴路和視覺空間模板兩個子系統，那麼這兩個任務彼此之間比較不會互相干擾，相對於兩個任務都是依賴語音迴路，或者都是依賴視覺空間模板[28]。例如，實驗參與者在判斷圖形的特徵時，口語回答會比用手指出答案容易；而在判斷文字的性質時，結果則相反。這是因為判斷圖形的特徵和指出答案的位置，同樣都會使用到視覺空間模板；而判斷文字的性質和口語回答都會使用到語音迴路這個子系統[29]。這就是為什麼開車時談話的內容如果涉及視覺空間訊息的

儲存和處理，像是關於東西的顏色、形狀、放在哪裡，或是關於不同地點間的距離，那麼談話對開車的干擾應該會更大，相對於談論和視覺空間訊息無關的內容。但開車時不只需要處理視覺空間訊息，更需要仰賴中央執行來控制注意力，因此開車會受到所有需要中央執行的認知任務所影響[30]，而大部分認知任務的完成都需要仰賴中央執行系統。以上所提的研究，大多是以一般的大學生為對象，而且是以所有參與者的平均表現做為結果。訊息儲存的形式有例外，也有個別差異：有的人擅長用語音的方式儲存訊息，而另外一些人則主要仰賴視覺空間的方式儲存訊息[31]。

▌注意力的控制

有別於上述這個主張工作記憶包含不同子系統的理論，其他學者認為中央執行才是工作記憶的核心，不管訊息的形式是什麼。換言之，大部分學者認為工作記憶是用來控制注意力。這些主張連結工作記憶與注意力的學者之間仍有差異，他們強調的面向不同。

首先，有學者認為工作記憶就是控制和維持注意力的能力[32, 33]，可以反映一個人抗拒干擾和抑制無關信息的效率[34]。根據這個看法，工作記憶容量的高低可以解釋很多認知表現的個別差異；換言之，認知能力有個別差異是因為不同個體之間的工作記憶容量高低不同。例如，工作記憶容量的高低和流體智力的高低有很大的關聯[35]。流體智

力指的是推理和解決問題的能力，而和知識的多寡比較沒有關係[36]。其次，另有學者認為工作記憶是長期記憶的一部分，是激發長期記憶中訊息的能力。它可以使某些長期記憶中的訊息成為注意力的焦點，也就是處在高度容易取得的狀態。除此之外，那些處於激發、高度容易取得狀態下的訊息，無論在容量上或可維持的時間上都是有限的。除非我們不斷地複誦或維持我們的注意力在這些訊息上，否則不但我們能記住的訊息數量有限[37]，這些訊息也會隨著時間很快地流逝[38]。

後來的一些學者則認為，工作記憶是可以同時儲存和處理訊息的能力。例如，工作記憶讓我們可以一邊做數學運算，一邊記住一些數字。數學運算會占據我們的注意力，讓我們無法同時記住數字。換言之，由於處理訊息時會占據注意力資源，我們會無法同時進行訊息的儲存。為了同時儲存訊息，我們的注意力必須有效地在處理訊息與儲存訊息這兩種認知任務之間轉換。若是我們花太長的時間在訊息的處理上，而沒有利用空檔去複誦或注意要儲存的訊息，這些訊息就會很快地隨著時間消失[39]。例如，如果我們的數學運算速度太慢，我們就會忘記那些需要記住的數字。另一個例子是在實驗室中常用的測驗：對呈現的一連串字詞，你必須一一判斷它們是否可以當動詞，而且你需要同時記住這些字詞。在接下來的測驗中，你必須依照順序回憶出這些字詞。在這個測驗中，你需要一邊依賴你的語言知識來判斷字詞的性質，一邊將這些字詞記起來。前者是從長期記憶中提取訊息協助判讀，後者是將訊息登錄到短期記憶中。由於這兩種認知運作都會占

據注意力資源，大部分人很難同時兼顧，除非他們可以有效地將注意力資源分配到這兩種認知運作中，或讓注意力的焦點快速地在兩種認知運作之間轉換。此外，在固定時間內所需處理的訊息愈多，我們的認知負荷就愈重，而用來儲存訊息的認知運作所能分配到的注意力資源就愈少，我們就愈不容易將訊息記住[40]。以同樣的測驗為例，在我們判斷字詞是否為動詞時，如果字詞呈現的速度變快，我們能記住的字詞數量就會變少。

有些學者將監控注意力、思考和行為的能力稱為執行功能。以注意力而言，這些監控包括分配、轉移、更新和抑制注意力[41]。推理、決策、計畫、運算及理解等認知運作，都和執行功能有密切關聯[42]。實際上，執行功能的用處幾乎無所不在，不同研究領域的學者會以不同的名稱來指稱這個與注意力和認知監控有關的功能[43]。無論是工作記憶中的中央執行子系統、注意力資源、認知資源、認知負荷、認知控制或執行功能，這些概念指的都是類似於電腦中央處理單位的一個系統、一種能力或功能。寫作是一項歷程複雜的認知任務，自然會高度地依賴這個注意力監控系統，也就是一個人分配認知資源或控制注意力焦點的能力。

▌工作記憶訓練

大部分的認知任務都要仰賴工作記憶，你可能會想知道，訓練工

作記憶是否可以促進其他認知任務的表現。過去將近二十年的研究結果可能會讓你失望。我們很容易了解，用運動可以訓練體能來比喻大腦也可以經由訓練而增加認知能力。但這個比喻不完全恰當，認知能力訓練有很大的侷限性，不像各類不同的運動都一樣可以訓練體能。更重要的是，目前並沒有清楚的理論可以解釋認知訓練的效果，甚至也還沒有清楚的科學證據支持。

目前關於工作記憶的訓練，有兩類的研究結果。第一類的研究發現，訓練工作記憶可以促進其他認知能力，像是智力以及數學、認字和閱讀理解的能力，甚至可以治療注意力過動症。但這些研究大部分都有方法上的問題，包括實驗參與者太少，以及不恰當或沒有用以做比較的控制組。有研究發現，如果在招募實驗參與者時，指出這是一個關於認知能力訓練的實驗，相對於描述為一般的實驗，前者比較容易產生訓練效果[44]，但其實兩組參與者接受了一模一樣的訓練。這個結果顯示，訓練效果完全來自於實驗參與者的預期。對於結果的預期，更可能來自提出假設的研究者和執行實驗的實驗者；而這些預期同樣可能影響實驗的結果。在沒有恰當的控制組，並排除實驗結果是來自於預期之前，我們很難判斷訓練本身是否真的有效果。

第二類的研究在方法上比較嚴謹，但通常發現工作記憶的訓練只能增進類似任務的表現，而不能增進不同任務的表現[45]。心理學家將因訓練某一個任務而增進另外一個任務的表現稱為遷移。目前關於認知能力訓練比較清楚的結果是，有相似任務間的近遷移，而沒有不同

任務間的遠遷移[46]。換言之，訓練的結果只能在另一個與訓練任務相似的任務上看到。例如，與閱讀有關的工作記憶訓練只能促進與訓練內容相似的閱讀理解表現，而沒有辦法增進實驗室外的閱讀理解表現[47]。由這個例子也可以看出，身體訓練和認知訓練的差異。除此之外，實驗參與者本身的認知能力、人格或情緒都可能影響訓練的效果。目前的數位科技可以讓工作記憶訓練更容易執行，也更容易設計出為參與者量身訂做的訓練課程，關於工作記憶訓練或任何認知訓練的效果，未來可能會有更清楚的答案。

就算工作記憶訓練真的可以增進各類認知任務的表現，我們仍然應該考慮其機會成本。換言之，與其接受認知訓練，也許我們應該將同樣的時間和精力，放在那些更確定可以增進認知表現的方法上，像是運動[48]。若是為了增進寫作能力，多練習寫作是確定有效的方法；更何況，寫作可以透過表達和整理個人的想法和情緒，發現問題和困擾的癥結，並降低負面思考帶來的干擾，進而增加工作記憶容量[49]。

▋寫作與工作記憶

寫作是一個涉及多個複雜認知運作的動態歷程。在寫作時，你需要仰賴有限的認知資源完成一連串的任務。表面上看起來，這些任務包括：產出文字、建構句子、將句子組織成段落和文章。要成功地完成這些任務，你必須寫出正確的文字；接著將文字適當地排列以產

生符合語法的句子；最後，文章的句子或段落間彼此必須有合理的關聯。這些任務涉及多個認知歷程。首先，你必須從長期記憶中的心理詞彙裡，找到適當的字詞來表達你的意思，並透過感官協調和執行你的動作技能，以寫出正確的文字。其次，你必須利用你的語法知識來完成句子。最後，你必須隨時偵測句子或段落之間的關聯，以讓文章能夠正確地傳達你的想法。成功完成這些任務，才能達到有效的寫作。

在寫作的過程中，有些人會經驗到手忙腳亂，不堪負荷；這是因為我們需要將有限的認知資源分配到寫作的各個任務中，有效率地分配認知資源是成功寫作的必要條件。認知心理學中有兩類關於工作記憶的實驗結果，可以顯示這個必要性。

首先，許多研究發現工作記憶容量與寫作能力有密切關聯[50]：一個人的工作記憶容量愈大，某些層面的寫作表現會愈好。認知心理學家以記憶廣度測驗來測量一個人短暫儲存訊息的能力。短期記憶廣度測驗測量你能夠短暫地記住多少彼此沒有關聯的項目，像是隨機安排的數字或字母。這個能力會隨著兒童成長而變好。有研究發現兒童的短期記憶廣度和拼音及寫字的表現有高度相關[51]。隨著年齡增長，這個關聯變小[52]。可見，對於剛開始寫作的兒童而言，寫作的挑戰來自於如何利用短期記憶幫助拼音和寫字；隨著寫作經驗的增加，年齡較大的兒童和成人要面對的則是另一種寫作的挑戰。

對成人而言，相較於短期記憶廣度，另外一種和資源分配有關的

短期記憶，也就是工作記憶廣度，與寫作的關聯較明顯。與其測量實驗參與者對一連串隨機數字或文字的短暫儲存能力，在工作記憶廣度測驗中[53]，研究者要測量的是實驗參與者一邊處理、一邊記憶訊息的能力。在典型的測驗過程中，參與者先要判斷一個句子是否正確，接著會看到一個字母，參與者必須記住這個字母；接著參與者必須判斷下一個出現的句子是否正確，然後一樣地記住隨後出現的字母，這個程序重複數次。最後，參與者必須回憶出所有看過的字母，並依照字母出現的順序。參與者可以正確回憶的最多字母個數，就是他的工作記憶廣度，用來顯示他的工作記憶容量。在這個作業中，實驗參與者必須一邊判斷句子是否正確，一邊記住字母。你可以想像在這個情況下，要記住這些字母並不太容易，因為在判斷句子的時候，你會很容易忘記看過的字母，而且難度會隨著字母數量的增加而增加。有研究顯示，無論是對青少年、成人或高齡者而言，實驗參與者的工作記憶容量和他們所寫的文章結構複雜度有顯著關聯[54]：工作記憶容量愈大者，所寫出的文章結構愈複雜。

　　另外一類關於寫作與工作記憶關聯的研究，採用的是雙重任務的實驗方法[55]。研究者透過觀察另外一個任務對寫作的影響，來探討寫作所需要的認知資源[56]。有研究發現，在寫作的過程中，若是要求實驗參與者必須同時完成另外一個任務，他們的寫作流暢度就會降低；而且無論這個額外的任務涉及語音或視覺空間訊息的處理，雖然語音訊息處理所引起的干擾較大[57]。如果要求實驗參與者在書寫的同時，

口中重複地唸一個單音節的字，參與者的寫作不但會變慢，寫出來的文章也會有較多文法和拼音的錯誤，而且參與者在主觀上也會覺得寫作變得比較困難[58]。這個研究顯示，重複地唸單音節的字和寫作會用到相同的認知資源，也就是工作記憶中的語音迴路。依照同樣的實驗邏輯，研究者也發現，寫作會影響同時進行的其他認知任務，它會造成參與者在另一個認知任務上的表現變差。例如，一個以小學三年級和大學生為對象的研究發現，對以正常方式寫字的大學生而言，寫作會干擾同時要進行的聽覺訊號偵測任務，讓訊號偵測的速度變慢；若只是抄寫，則這個干擾較小。這個結果顯示，一般成人寫作時，雖然書寫本身也需要認知資源，但寫作中其他歷程所需的資源更多。對小學生和被要求以大寫字母書寫的大學生，則沒有顯現這種寫作和抄寫的差異[59]，這是因為在這個情況下，抄寫變得比較難，以致和寫作需要同樣多的認知資源。

寫作之所以和工作記憶容量有密切的關係，是因為工作記憶的容量會決定寫作過程中訊息流失的程度。在實際的寫作過程中，我們必須一邊寫，一邊規劃和提取下一個要寫的字句，並記得剛寫完的字句。書寫本身以及規劃和提取的認知運作都會占據我們的認知資源，使得我們無法同時有效地記住剛剛寫了什麼。換言之，如果規劃和提取的運作困難，我們就需要花較長的時間去完成，即認知資源被占據的時間變長，而導致短暫儲存的訊息消失[60]。這時候我們就需要重複地回頭閱讀剛剛寫下的文字，以致影響寫作的效率。

　　有兩個因素造成這種影響在兒童身上更加明顯。譬如有研究發現，如果兒童在寫作的過程中，必須同時完成第二個任務，年幼的兒童在第二個任務上的反應時間，會比年長的兒童還長[61]。首先，這是因為年幼兒童的工作記憶容量較小，以至於他們在完成第二個任務時的可利用資源較少。另外一個原因是，年幼兒童尚未完全掌握寫作所需的技能，以致寫作過程需要消耗較多的工作記憶資源，進而影響第二個任務的表現。寫字本身涉及細緻動作技能的控制及正確的筆畫安排，對於剛學習寫字的兒童而言，這個過程會占據大量的認知資源[62]。因此，當他們需要同時提取適當的字彙、有效地安排文詞和句子，並且不時地審閱已完成的文章內容時，就會產生困難而影響寫作。就算是對成人而言，有研究發現，相對於只是聽一串文字，無論是抄寫或聽寫這些文字，都會造成參與者在依序回憶出這些文字的表現上變差[63]。這個研究結果顯示，書寫時，精緻動作和技能的控制會占據認知資源，以至於影響訊息的儲存。

　　有學者將寫作分成幾個不同的階段。大致而言，寫作可以分成三個主要的階段：規劃、執行和審閱。規劃指的是決定文章的內容主旨和組織結構；執行指的是實際的寫作過程；而審閱是指編輯、重讀和重寫的過程[64]。寫作所涉及的認知歷程十分複雜，區分不同的階段，有助於寫作過程的分析和研究。但實際上，這些階段彼此之間並非完全獨立，可能重疊，其順序也非固定不變。這三個階段的循環，可能在一個句子、一個段落或一篇文章內完成。例如，以句子這個層次而

言，我們會先決定句子要表達的意思、選擇適合的字詞，接著寫出句子，最後檢查句子是否合適。在一般的情況下，層次愈低，我們愈不會意識到這些不同階段的進行；我們比較會在整篇文章的層次上，注意到這些階段的不同。

　　有些研究探討各個工作記憶子系統的容量和不同階段寫作表現的關聯。例如，有研究者分析中學生的寫作，發現中央執行能力與寫作的各個階段都有關聯，其中注意力控制的能力最能預測學生在寫作各個階段的表現[65]。大多數研究者採取的則是雙重任務的實驗方法：研究者要求實驗參與者在寫作的過程中，同時記住語音或視覺空間的訊息，或同時完成一個涉及語音或視覺空間訊息處理的認知任務。研究者接著觀察參與者在不同階段的寫作所受的影響[66]。例如，有研究者要求實驗參與者在寫作的同時，偵測語音或視覺空間的訊息。結果發現，偵測視覺空間的訊息，對寫作時概念的形成影響比較大，而偵測語音的訊息對書寫流暢性的影響較大[67]。這是因為內容概念的激發與安排和視覺空間的運作有關，而在將想法變成文字的過程中，則需要短暫地儲存語音訊息，因此受語音偵測任務的干擾。有研究者認為，除了中央執行，寫作本身及審閱階段另外還與語音迴路容量有關，而規劃階段還與視覺空間能力有關[68]。我們的確會使用非語言的形式來規劃和記住文章的內容。例如，有研究發現，以實驗參與者自己所寫的文章為測驗材料，相對於語音的干擾，視覺的干擾會降低參與者對文字出現位置的記憶，也就是說，視覺的干擾會讓參與者比較不記得

文字出現在文章的哪裡[69]。另外，寫作時我們也會借助於負責處理和儲存視覺空間訊息的工作記憶[70]，例如，我們會借助圖、表或箭頭等視覺空間符號，來組織所要表達的內容，並幫助我們記住整篇文章的架構。因此，有學者認為寫作需要仰賴所有工作記憶的子系統[71]。

▎降低閱讀的工作記憶負荷

由以上的討論可以看出，無論在寫作的哪一個階段，或依賴哪一種工作記憶，我們都必須同時儲存和處理許多相關的訊息。但因為工作記憶的容量有限，我們很難在同一個時間內完成全部的任務。在某些情況下，我們也許可以同時完成數個不同的任務，但是在大部分時候，我們需要妥善地分配資源，或快速地在不同的任務之間轉換。成功寫作的首要條件是有效地克服工作記憶的限制。這個限制不只來自於作者寫作時，也來自於讀者閱讀文章時。因此，除了自己的工作記憶，寫作時，作者也需要考慮讀者的工作記憶容量限制，才能達到傳遞訊息和理念的目標。

本書在各章內所提出的寫作相關建議，都是建立在兩個主要的原則上。第一個原則就是，儘可能地減輕讀者閱讀時的工作記憶負擔。在討論如何降低作者本身寫作時的工作記憶負荷之前，本章以下討論的重點是，閱讀理解與工作記憶的關係，以及用以降低讀者工作記憶負擔的策略。

　　在閱讀的過程中，讀者除了需要理解和推論句子及段落之間的關係，還同時需要記住剛看過的訊息，包括維持適當的訊息在高度激發、容易被提取的狀態，並抑制無關的訊息。有研究發現，閱讀理解能力較高者，比較可以根據脈絡而提取適當的字義，例如「銀行」；並且抑制無關的字義，例如，同一個英文字的另外一個意思「岸邊」[72]。訊息的保留、理解和推論都需要仰賴工作記憶，因此一個人工作記憶容量的高低，應該會影響他在閱讀理解上的表現。認知心理學已經累積了不少相關的研究。

　　有些研究探討，閱讀理解歷程中的訊息整合或推理與工作記憶容量的關聯。首先，有研究發現，讀者的工作記憶容量高低，和他們如何整合句子的關聯有密切關係。語文工作記憶容量高的實驗參與者，可以在讀過較多的句子之後，才做出整體的結論；而容量低的參與者，則比較容易只根據兩個句子之間的關係，就做出特定的結論[73]。其次，工作記憶容量會影響句子間關係的推論，無論是預測性的推論，也就是預測下一個句子；或者是後向的推論，也就是理解正在閱讀的句子與前一個句子的關係。研究顯示，語文工作記憶容量高的實驗參與者，可以較迅速地產生預測性推論、理解較多的後向推論，而且較快速地抑制那些與正在閱讀句子無關的訊息[74]。除此之外，語文工作記憶的容量和推論的正確性及反應時間都有關係，其中的反應時間是測量參與者閱讀句子和回答問題的時間[75]。有研究進一步顯示，語文工作記憶容量的高低和處理文章內的因果關聯有關，而空間工作

記憶容量則和處理文章中的空間訊息有關[76]。

　　除了個人的工作記憶容量限制，其他因素也會造成可利用的工作記憶容量變小，進而影響閱讀理解。例如，研究顯示，實驗參與者的字彙相關知識會影響他們閱讀時的各種推論；這是因為不熟悉的字詞會增加工作記憶的負擔，進而影響對句子之間關係的理解[75]。另一方面，有研究顯示工作記憶訓練和閱讀理解之間的關聯：在閱讀理解的活動中，加入工作記憶中執行功能的訓練，可以促進小學三年級兒童某些閱讀理解的表現[47]。這個研究有適當的控制組，且與其他研究一樣發現近遷移，因此結果仍然值得參考。

　　以上這些研究清楚指出，閱讀時，與理解有關的各個層面都和讀者的工作記憶容量有密切的關聯。以寫作的角度來看，作者無論在用字遣詞或組織文章時，都應該考慮可能產生的工作記憶負荷，畢竟作者無法篩選或改變讀者的工作記憶。

　　讀者能夠理解文章的內容，是作者可以有效傳達文章主旨的必要條件。為了讓讀者可以將大部分的工作記憶資源放在文章的理解和推論上，作者應該儘可能地降低讀者在處理文字和句子上的負擔。有幾個策略可以幫助達成這個目標。首先，多餘及語意不清的文字、斷句困難和過於複雜的句子，都會增加讀者的工作記憶負荷，進而影響閱讀理解。相對的，透過提醒和說明，可以讓讀者注意到那些訊息是無關或錯誤的，而避免這些訊息的干擾，並進一步降低工作記憶的負荷。其次，符合邏輯的句子與段落和結構清楚的內容，可以建立讀者

的預期，進而降低讀者理解和推論時的工作記憶負擔。最後，引發讀者提取相關的背景知識，也可以降低讀者理解時的工作記憶負擔。本書在第六、七章將詳細討論，這些策略如何藉由清楚的語言和理性的思考落實。在這之前，我們還需要知道作者如何在寫作的過程中善用認知資源。這是下面一章的主題。

▌註文

1. Cowan N. (2010). The magical mystery four: How is working memory capacity limited, and why? *Current Directions in Psychological Science, 19*(1), 51-57.

2. Baddeley, A. D., & Hitch, G. J. (1974). Working memory. In G. H. Bower (Ed.), *The Psychology of Learning & Motivation: Advances in Research and Theory* (Vol. 8, pp. 47-90). New York: Academic Press.

3. Conrad, R. (1964). Acoustic confusions in immediate memory. *British Journal of Psychology, 55*, 75-84.

4. Baddeley, A. D. (2006). Working memory: An overview. In S. J. Pickering (Ed.), *Working Memory and Education* (pp. 1-31). Burlington, MA: Academic Press.

5. Ellis, N. C., & Hennelly, R. A. (1980). A bilingual word length effect: Implications for intelligence testing and the relative ease of mental calculation in Welsh and English. *British Journal of Psychology, 71*(1), 43-51.

6. Hulme, C., Thomson, N., Muir, C., & Lawrence, A. (1984). Speech rate and the development of short-term memory span. *Journal of Experimental Child Psychology, 38*(2), 241-253.

7. Lovatt, P., Avons, S. E., & Masterson, J. (2000). The word-length effect and disyllabic words. *The Quarterly Journal of Experimental Psychology: Section A, 53*(1), 1-22.

8. Baddeley, A. D., Thomson, N., & Buchanan, M. (1975). Word length and the structure of

short-term memory. *Journal of Verbal Learning and Verbal Behavior, 14*(6), 575-589.

9. Salamé, P., & Baddeley, A. (1982). Disruption of short-term memory by unattended speech: Implications for the structure of working memory. *Journal of Verbal Learning and Verbal Behavior, 21*(2), 150-164.

10. Coltheart, V., Avons, S. E., & Trollope, J. (1990). Articulatory suppression and phonological codes in reading for meaning. *The Quarterly Journal of Experimental Psychology, 42*(2), 375-399.

11. Conrad, R. (1964). Acoustic confusions in immediate memory. *British Journal of Psychology, 55*, 75-84.

12. Baddeley, A., Gathercole, S., & Papagno, C. (1998). The phonological loop as a language learning device. *Psychological Review, 105*(1), 158-173.

13. Daneman, M., & Carpenter, P. A. (1980). Individual differences in working memory and reading. *Journal of Verbal Learning and Verbal Behavior, 19*(4), 450-466.

14. Baddeley, A. (2003). Working memory and language: An overview. *Journal of Communication Disorders, 36*(3), 189-208.

15. Logie, R. H. (1995). *Visuo-spatial working memory*, Hove, UK: Erlbaum.

16. Vogel, E. K., Woodman, G. F., & Luck, S. J. (2001). Storage of features, conjunctions, and objects in visual working memory. *Journal of Experimental Psychology: Human Perception and Performance, 27*(1), 92-114.

17. Sperling, G. (1960). The information available in brief visual presentations. *Psychological Monographs: General and Applied, 74*(11), 1-29.

18. Posner, M. I. (1980). Orienting of attention. *Quarterly Journal of Experimental Psychology, 32*(1), 3-25.

19. Awh, E., Jonides, J., & Reuter-Lorenz, P. A. (1998). Rehearsal in spatial working memory. *Journal of Experimental Psychology: Human Perception and Performance, 24*(3), 780-790.

20. Awh, E., & Jonides, J. (2001). Overlapping mechanisms of attention and spatial working memory. *Trends in Cognitive Sciences, 5*(3), 119-126.

21. Postle, B. R., Idzikowski, C., Sala, S. D., Logie, R. H., & Baddeley, A. D. (2006). The

selective disruption of spatial working memory by eye movements. *The Quarterly Journal of Experimental Psychology, 59*(1), 100-120.

22. Williams, M., Pouget, P., Boucher, L., & Woodman, G. F. (2013). Visual-spatial attention aids the maintenance of object representations in visual working memory. *Memory & Cognition, 41*(5), 698-715.

23. Baddeley, A. (2000). The episodic buffer: a new component of working memory? *Trends in Cognitive Sciences, 4*(11), 417-423.

24. Egeth, H. E., & Yantis, S. (1997). Visual attention: Control, representation, and time course. *Annual Review of Psychology, 48*(1), 269-297.

25. Baddeley, A. (1996). Exploring the central executive. *The Quarterly Journal of Experimental Psychology: Section A, 49*(1), 5-28.

26. Baddeley, A. D., Bressi, S., Della Sale, S., Logie, R., & Spinnler, H. (1991). The decline of working memory in Alzheimer's disease: A longitudinal study. *Brain, 114*(6), 2521-2542.

27. Lee, Y. S., & Yu, S. C. (2016). Asymmetric interference between domains: Evidence from the stimulus order effect in complex span tasks. *Journal of Cognitive Psychology, 28*(8), 977-989.

28. Repovš, G., & Baddeley, A. (2006). The multi-component model of working memory: explorations in experimental cognitive psychology. *Neuroscience, 139*(1), 5-21.

29. Brooks, L. R. (1968). Spatial and verbal components of the act of recall. Canadian *Journal of Psychology, 22*(5), 349-368.

30. Recarte, M. A., & Nunes, L. M. (2003). Mental workload while driving: effects on visual search, discrimination, and decision making. *Journal of Experimental Psychology: Applied, 9*(2), 119-137.

31. Cornoldi, C., & Vecchi, T. (2004). Visuo-spatial working memory and individual differences. *Psychology Press*.

32. Kane, M. J., Bleckley, M. K., Conway, A. R., & Engle, R. W. (2001). A controlled-attention view of working-memory capacity. *Journal of Experimental Psychology: General, 130*(2), 169-183.

33. Engle, R. W. (2002). Working memory capacity as executive attention. *Current Directions in Psychological Science, 11*(1), 19-23.

34. Rosen, V. M., & Engle, R. W. (1998). Working memory capacity and suppression. *Journal of Memory and Language, 39*(3), 418-436.

35. Conway, A. R. A., Cowan, N., Bunting, M. F., Therriault, D. J., & Minkoff, S. R. B. (2002). A latent variable analysis of working memory capacity, short-term memory capacity, processing speed, and general fluid intelligence. *Intelligence, 30*, 163-183.

36. Horn, J. L., & Cattell, R. B. (1967). Age differences in fluid and crystallized intelligence. *Acta Psychologica, 26*, 107-129.

37. Cowan, N. (2010). The magical mystery four: How is working memory capacity limited, and why? *Current Directions in Psychological Science, 19*(1), 51-57.

38. Cowan, N. (2005). Working memory capacity. Hove, East Sussex, England: *Psychology Press*.

39. Barrouillet, P., & Camos, V. (2007). The time-based resource-sharing model of working memory. *The Cognitive Neuroscience of Working Memory, 455*, 59-80.

40. Barrouillet, P., Bernardin, S., & Camos, V. (2004). Time constraints and resource sharing in adults' working memory spans. *Journal of Experimental Psychology: General, 133*(1), 83-100.

41. Miyake, A., Friedman, N. P., Emerson, M. J., Witzki, A. H., Howerter, A., & Wager, T. D. (2000). The unity and diversity of executive functions and their contributions to complex "frontal lobe" tasks: A latent variable analysis. *Cognitive Psychology, 41*(1), 49-100.

42. Anderson, P. J. (2010). Towards a developmental model of executive function. In: V. Anderson, R. Jacobs, & P. Anderson (Eds), *Executive Functions and the Frontal Lobes: A Lifespan Perspective*. (pp. 3-22). New York, NY: Psychology Press.

43. Diamond, A. (2013). Executive functions. *Annual Review of Psychology, 64*, 135-168.

44. Foroughi, C. K., Monfort, S. S., Paczynski, M., McKnight, P. E., & Greenwood, P. M. (2016). Placebo effects in cognitive training. *Proceedings of the National Academy of Sciences, 113*(27), 7470-7474.

45. Melby-Lervåg, M., Redick, T. S., & Hulme, C. (2016). Working memory training does not improve performance on measures of intelligence or other measures of "far transfer" evidence from a meta-analytic review. *Perspectives on Psychological Science, 11*(4), 512-534.

46. Kassai, R., Futo, J., Demetrovics, Z., & Takacs, Z. K. (2019). A meta-analysis of the experimental evidence on the near-and far-transfer effects among children's executive function skills. *Psychological Bulletin, 145*(2), 165-188.

47. Carretti, B., Borella, E., Elosúa, M. R., Gómez-Veiga, I., & García-Madruga, J. A. (2017). Improvements in reading comprehension performance after a training program focusing on executive processes of working memory. *Journal of Cognitive Enhancement, 1*(3), 268-279.

48. Fernandes, J., Arida, R. M., & Gomez-Pinilla, F. (2017). Physical exercise as an epigenetic modulator of brain plasticity and cognition. *Neuroscience & Biobehavioral Reviews, 80*, 443-456.

49. Klein, K., & Boals, A. (2001). Expressive writing can increase working memory capacity. *Journal of Experimental Psychology: General, 130*(3), 520-533.

50. McCutchen, D. (1996). A capacity theory of writing: Working memory in composition. *Educational Psychology Review, 8*, 299-325.

51. Swanson, H. L., & Berninger, V. W. (1996). Individual differences in children's working memory and writing skill. *Journal of Experimental Child Psychology, 63*(2), 358-385.

52. Daiute, C. A. (1984). Performance limits on writers. In R. Beach & L. S. Bridwell (Eds.), *New directions in composition research* (pp. 205-224). New York: The Guilford Press.

53. Daneman, M., & Carpenter, P. A. (1980). Individual differences in working memory and reading. *Journal of Verbal Learning and Verbal Behavior, 19*, 450-466.

54. Hoskyn, M., & Swanson, H. (2003). The relationship between working memory and writing in younger and older adults. *Reading and Writing, 16*, 759-784.

55. Pashler, H. (1994). Dual-task interference in simple tasks: data and theory. *Psychological Bulletin, 116*(2), 220-244.

56. Olive, T. (2004). Working memory in writing: Empirical evidence from the dual-task

technique. *European Psychologist, 9*(1), 32-42.

57. Lea, J., & Levy, C. M. (1999). Working memory as a resource in the writing process. In M. Torrance & G. Jeffery (Eds.), The cognitive demands of writing: processing capacity and working memory effects in text production (pp. 63-82). *Amsterdam: Amsterdam University Press.*

58. Chenoweth, N. A., & Hayes, J. R. (2003). The inner voice in writing. Written *Communication, 20*(1), 99-118.

59. Olive, T., & Kellogg, R. T. (2002). Concurrent activation of high-and low-level production processes in written composition. *Memory & Cognition, 30*(4), 594-600.

60. Barrouillet, P., Bernardin, S., & Camos, V. (2004). Time constraints and resource sharing in adults'working memory spans. *Journal of Experimental Psychology: General, 133*, 83-100. doi:10.1037/0096-3445.133.1.83

61. Olive, T., Favart, M., Beauvais, C., & Beauvais, L. (2009). Children's cognitive effort in writing: Effects of genre and of handwriting automatisation in 5th-and 9th-graders. *Learning and Instruction, 19*, 299-308.

62. McCutchen, D., Covill, A., Hoyne, S. H., & Mildes, K. (1994). Individual differences in writing: implications of translating fluency. *Journal of Educational Psychology, 86*(2), 256-266.

63. Tindle, R., & Longstaff, M. G. (2016). Investigating the lower level demands of writing: handwriting movements interfere with immediate verbal serial recall. *Journal of Cognitive Psychology, 28*(4), 443-461.

64. Kellogg, R. T. (1996). A model of working memory in writing. In C. M. Levy & S. Ransdell (Eds.), *The Science of Writing: Theories, Methods, Individual Differences, and Application* (pp. 57-71). Mahwah, NJ: Erlbaum.

65. Vanderberg, R., & Swanson, H. L. (2007). Which components of working memory are important in the writing process? *Reading and Writing, 20*(7), 721-752.

66. Levy, C. M. & Ransdell, S. (2001). Writing with concurrent memory loads. In T. Olive & C. M. Levy (Eds), *Contemporary Tools and Techniques for Studying Writing* (pp. 9-30). Dordrecht: Kluwer Academi Publishers.

67. Kellogg, R. T., Olive, T., & Piolat, A. (2007). Verbal, visual, and spatial working memory in written language production. *Acta Psychologica, 124*(3), 382-397.

68. Kellogg, R. T. (1996). A model of working memory in writing. In C. M. Levy & S. Ransdell (Eds.), *The Science of Writing: Theories, Methods, Individual Differences, and Application* (pp. 57-71). Mahwah, NJ: Erlbaum.

69. Le Bigot, N., Passerault, J. M., & Olive, T. (2009). Memory for words location in writing. *Psychological Research, 73*(1), 89-97.

70. Olive, T., & Passerault, J. M. (2012). The visuospatial dimension of writing. *Written Communication, 29*(3), 326-344.

71. Kellogg, R. T. (1999). Components of working memory in writing. In M. Torrance & G. Jeffery (Eds.), *The Cognitive Demands of Writing: Processing Capacity and Working Memory Effects in Text Production* (pp. 43-61). Amsterdam: Amsterdam University Press.

72. 英文的 bank 指的是銀行或岸邊。

Henderson, L., Snowling, M., & Clarke, P. (2013). Accessing, integrating, and inhibiting word meaning in poor comprehenders. *Scientific Studies of Reading, 17*, 177-198.

73. Whitney, P., Ritchie, B., & Clark, M. (1991). Working memory and the use of elaborative inferences in text comprehension. *Discourse Processes, 14*, 133-145.

74. Yeari, M. (2017). The role of working memory in inference generation during reading comprehension: Retention,(re) activation, or suppression of verbal information? *Learning and Individual Differences, 56*, 1-12.

75. Singer, M., Andruslak, P., Reisdorf, P., & Black, N. L. (1992). Individual differences in bridging inference processes. *Memory & Cognition, 20*, 539-548.

76. Friedman, N. P., & Miyake, A. (2000). Differential roles for visuospatial and verbal working memory in situation model construction. *Journal of Experimental Psychology: General, 129*, 61-83.

第三章

行雲流水：自動化

　　每一次在一聲令下之後，我都會中規中矩地的執行這個任務、沒有例外。我每一次在執行任務時，都會以完全相同且正確的步驟完成。我不需要獎賞或鼓勵，也不受心情、天氣或日子是星期一的影響。我可以抗拒壓力、疲勞和無聊。就算同時要完成另外一個任務，我也不受干擾。我可以保密，因為我甚至可以在我自己沒有注意、不知不覺、不記得做了什麼的情況下完成這個任務。你會僱用我嗎？

　　你可能會認為這位應徵者是機器人，或是任何不太高明的人工智慧系統。沒有錯，如果已經設定好程式，一個機械裝置在插電、啟動之後，可以依照既定的程序執行任務，包括對環境中的刺激做出固定且恰當的反應。但你大概不會想到，有時候我們人類日常生活中的任務也是如此開始和完成的。我們甚至可能完全沒有察覺到，我們正在執行或是曾經執行過這些任務。你可能一時想不起來今天早上有沒有刷牙，也可能在洗澡的過程中，忘記是否已經洗了頭；當有人問你今天早餐吃了些什麼，你可能花了一些時間才答出來。若問的人是醫生，你更可能緊張到完全想不起來。如果你有這些經驗，你需要懷疑自己的記憶衰退嗎？這些狀況的發生，通常是因為在執行相關的任務

時，你沒有去注意它們，而是正在思考或進行其他的活動。不用擔心，這些失誤不足以顯示你的記憶有問題。同樣的，在寫作時，你不一定會如上一章描述的，覺得手忙腳亂、應接不暇，這是因為寫作過程中的某些任務，已經不需要認知資源。

本章首先介紹自動化這個概念及相關的理論和研究。接著我會說明它對技能學習的重要性和同時需要付出的代價。最後，我將討論自動化對寫作的影響，以及如何利用自動化來增進寫作的效率。

▌控制與自動化歷程

維持和控制注意力的能力以及工作記憶容量，都和一個人擁有的認知能量或資源有關[1]。在處理訊息的時候，我們會透過監控注意力，將認知資源分配到不同的任務中[2]。不只是寫作，在很多情況下，我們會同時執行多個任務。例如，你可能一邊開車、一邊聽音樂，腦中另外還同時在規劃今晚的菜單。只要這些任務所需要的認知資源總和沒有超過認知負荷，我們就可以成功地完成每個任務。在上面的例子中，開車和聽音樂所需要的認知資源可能很少，所以你可以將注意力放在思考其他事情上。但是對剛學會開車的人而言，情況就非如此。你若重複地練習一項任務，完成這個任務所需要的認知資源就會愈來愈少，最後幾乎不需要消耗你任何的認知資源，顯示這項任務的執行已經進入自動化，而你就可以將認知資源分配到其他的任務

上。

　　一項認知任務或技能可以透過練習而變成自動化的想法，在十九世紀末就已經有學者提出[3]。相對於自動化歷程的是控制歷程[4]，藉由不斷地重複練習，一項認知任務或技能的執行歷程可以從控制變成自動化。與控制歷程比起來，自動化歷程有幾個特性[5]。

　　自動化歷程的運作比較不需要消耗認知資源，我們可以比較輕鬆且快速地完成已經進入自動化歷程的任務。例如，很多動作技能，像是游泳、騎腳踏車或繫鞋帶，以及認知技能，像是簡單的數學運算、識字或寫字，在經過長時間的練習之後，我們都可以不費心力地順利完成。有兩個和意識覺知有關的面向，可以反映出我們並沒有分配認知資源給那些已經進入自動化歷程的任務。

　　首先，我們並沒有刻意地去執行這些任務，已經進入自動化的任務，通常是由外在的環境所啓動。例如，當我們正忙於處理其他事情的時候，我們可能沒有注意到出門前鎖門或關瓦斯的動作，這些動作是非刻意的，我們只是被動地對四周環境中的線索做出反應，譬如，走到門口，看到門鎖就鎖門。有一個更明顯的例子：對於經常使用的門鎖號碼，你可能一時說不出來是哪些數字的組合，但是當你看到或你的手接觸到門鎖時，你卻可以正確地依照順序按出數字。這時候你依賴的是一種非刻意、由外在環境中的線索所啓動的內隱記憶。第二個面向是我們不會意識到任務執行的過程。例如，在騎腳踏車、開車或游泳時，除非你是初學者或發生特殊狀況，否則你通常會完全沒有

注意到你的手腳動作。此外，若是你每天走同一段路上學或上班，你通常是不知不覺地完成這段旅程。你也可能在鎖門或關瓦斯時，完全沒有注意和意識到這些動作的執行過程。

已經自動化的任務或動作幾乎不需要認知資源，可以顯示在我們不會刻意地去執行這些動作，也沒有意識到這些動作的執行過程；也因為如此，最後我們對這些任務或動作也不會留下任何的印象。這就是為什麼，我們有時會忘了有沒有刷牙、會在出門後想不起來是否有鎖門或關瓦斯。換言之，如果我們有注意、有覺知到這些任務的開始和執行過程，在我們的大腦中就會留下可以幫助回憶的線索。

我們不但可能會對自動化任務的進行完全沒有意識覺知，有時候我們甚至無法終止任務的進行。例如，當要求實驗參與者說出「紅」這個字的書寫顏色時，若書寫的顏色是藍色，那麼相對於書寫顏色是紅色，參與者會花較長的時間說出藍色這個書寫的顏色[6]。這是因為對一般成人而言，「紅」這個中文字的閱讀已經完全自動化，以至於我們無法阻止字義的激發或認字歷程的進行，進而干擾你說出藍色。除此之外，對於一些經高度重複練習、已完全自動化的技能，我們不只沒有覺知，有時候我們會很難、甚至無法用語言來表達。例如，我們可以輕鬆地完成騎腳踏車或綁鞋帶的動作，但如果只能依賴語言來表達，你會發現描述整個過程會有困難。

除了不需要認知資源、沒有覺知、無法阻止和難以用語言表達，另外一個關於自動化歷程的特性是，我們可以同時完成數個任務，

也就是同步、平行地處理多項訊息，而不需要一個接著一個序列地處理。既然那些已經自動化的任務不需要認知資源，我們就可以將資源分配給其他的任務，也就是在同一個時間內成功地完成其他任務。最後，自動化任務的執行比較不會受情緒、壓力及精神狀態所影響。例如，通常心情不好或睡眠不足不會干擾自動化技能的執行。

▌自動化的形成和代價

　　一項認知任務或技能的執行，可以透過三種機制變成自動化。首先，透過重複的練習，刺激跟反應的連結強度會增加[7]。因此，當環境中某個刺激出現時，相對應的行為就可以在不消耗認知資源的情況下很快地被啓動。其次，有學者主張，一項認知任務或技能的各個成分可以透過練習，整合成一個可以一起啓動的單位，因此我們可以不需要消耗認知資源去注意和執行每一個個別的成分[8]。以閱讀爲例，對於那些我們已經很熟悉的詞，我們不會、也不需要再去注意和處理每一個字，而是以詞爲理解的單位[9]。就像在閱讀英文句子時，我們不會去注意每一個字母；在閱讀中看到中文成語時，我們也不會去注意每一個字。只有對於不熟悉的材料，我們才需要去注意和處理各別的字母或文字。如果你是游泳高手，所有的手腳動作是一個整體，初學者才需要分別注意和控制手和腳的動作。

　　最後一個關於自動化形成機制的理論認爲，有些認知任務的執行

是透過迅速地直接提取記憶中儲存的範例，而不需要先注意和處理任務中的訊息[10]。換言之，對於已經自動化的任務，我們不再需要依賴認知資源來分析、運算或決定如何執行某個任務，而是可以直接提取最後的結果。例如，經驗豐富的醫生在診斷疾病時，可以直接提取已經儲存在腦海中的病例，而迅速、不花心力地與眼前病人的症狀比對並做出診斷。相對的，新手經常是透過控制歷程做診斷，也就是他們的判斷需要先透過判讀、分析和綜合病人的各種症狀，而這些運作都會消耗認知資源。此外，這個理論主張，重複地練習並不是一個任務進入自動化歷程的唯一途徑，有時候只需要一次的嘗試，個體就可以根據環境中的訊息，提取適當的反應[11]。可以看得出來，以上三個理論並不是獨立、互斥的；不同的理論可以比較完整地解釋不同型態自動化歷程的運作。

　　自動化任務的執行可以不用消耗認知資源，但需要付出難以被修正這個代價。首先，一個行為、一項技能一旦進入自動化之後，就不容易被糾正或改變。你可能有這樣的經驗，要改變那些已經熟練的技能十分困難，譬如我們很不容易糾正寫字、走路或游泳的姿勢。這也是不好的習慣一旦形成，就很難改變的原因之一。其次，在許多情況下，自動化行為會因為沒有隨著目標而修正，或因為情境突然改變，最後造成失誤[12]。第一類失誤的產生是來自於個體目標已經改變，但仍然繼續執行原來的自動化行為。例如，你在開車回家的路上，才突然想起來今天需要開往另一個方向去購物。在這個例子中，開車回家

的行為已經自動化，但是它與已經改變的新目標不相容，以致造成失誤。你需付出的代價大小，決定於你何時發現這個失誤。第二類自動化行為的失誤是來自於外在事物的干擾，而造成自動化行為的執行中斷或結果錯誤。你可能在游泳時撞到人後，無法繼續完成進行中的手腳動作，而是整個動作必須重新開始。與目標任務相關或類似的事物，則可能干擾自動化行為的執行，而導致行為錯誤，例如，你可能會不經意地開櫥櫃的門而將冰淇淋放進去，或擠出洗面乳來刷牙。在這些例子中，櫥櫃和冰箱的門功能類似，而牙膏和洗面乳的形狀相似，以致出現干擾自動化行為的執行結果。

自動化歷程不只是沒有彈性，而且需要經過長時間的練習才能達成，也難以用語言表達。相對於此，控制歷程具有較高的彈性和適應性，不需要經過長時間的練習，也比較容易用語言描述。這是因為我們是在有意識覺知的情況下，學習、規劃和執行涉及控制歷程的行為或任務。控制歷程讓我們可以比較容易根據目標來調整行為。我們可以彈性地規劃行為或動作的進程；我們也可以選擇處理重要的訊息，而忽略過時、不需要的訊息。此外，我們可以較快速地學習處於控制歷程的行為。我們可以藉由觀察他人的行為而獲得新的技能；也可以快速改變舊的行為，而學習全新的連結。透過語言的傳達，我們可以藉由接受教學和指導來學習。例如，相對於每天下班開車回家的自動化歷程，對於一個全新的旅程，雖然開車時我們需要費心找路線，但我們不僅可以按圖索驥或藉由他人的指示，不經過練習地開始任何新

的旅程，我們還可以選擇最短的路線，並視情況隨時改變路線。相對於自動化歷程，控制歷程的代價是需要消耗認知資源、執行時較費心力、較可能出錯，而且容易受個體的身心狀態影響。

自動化和控制歷程的優缺點大致上互補，因此在執行歷程複雜的認知任務時，最有效的策略應該是讓這兩個歷程分工合作。具體而言，為了提升效率，我們應該將有限的認知資源放在非仰賴控制歷程不可的任務上，並且設法減少仰賴控制歷程的任務。當然，我們同時還需要監控和設法避免自動化歷程所造成的問題。在討論如何將這些原則應用到寫作之前，我們需要先了解哪一類認知任務的運作可以、或比較容易變成自動化。

▌低階和高階的認知運作

在認知心理學家提出的訊息處理架構中，無論是在登錄刺激的輸入階段或執行反應的輸出階段，認知歷程的運作主要包括感覺、知覺、注意力監控、記憶、推理、決策判斷、問題解決和語言處理。第一種和自動化歷程有密切關聯的分類方式，是將認知歷程區分為高階和低階歷程。記憶、推理、決策判斷、問題解決和語言處理屬於高階歷程，而感覺、知覺和注意力監控則屬於低階歷程。高階歷程包括較多、較複雜的運作，執行時，同時涉及了所有低階歷程的運作。例如，推理這個高階歷程，除了包含記憶提取和思考的歷程，它還包括

我們需要對目標訊息先進行的低階處理，像是感覺、知覺和注意力控制。第二種分類方式決定於認知歷程的運作是如何開始、如何啓動的。心理學家將由外在刺激啓動的歷程稱爲「由下往上」或「刺激驅動」歷程；而將由脈絡、知識和經驗啓動的歷程稱爲「由上往下」或「概念驅動」歷程。所有的認知運作都同時涉及這兩種歷程。換言之，所有認知都是這兩種歷程同時運作的結果。以知覺爲例，來自物體物理特性的外在刺激，像是顏色和形狀，以及來自經驗、知識和預期的概念，共同決定了我們看到什麼。認出一個簡單的形狀或判斷聽到了什麼聲音，似乎完全由刺激的特性所決定，但實際上，這些歷程還是無法擺脫脈絡和知識的影響。最典型的例子是我們會有看或聽的錯覺：只因爲桌腳安排不同而造成的脈絡差異，可以讓畫在紙上的同一個桌面，看起來是長方形，也可以看起來是梯形[13]，因爲對桌面形狀的知覺不只是決定於它在紙上的實際形狀。儘管句子中的某一個詞已經完全被咳嗽的聲音所替代，我們仍然會報告聽到這個詞[14]，因爲我們的語言相關知識會去填補被蓋掉的語音。就算是主要依賴知識和經驗的歷程，例如推理和問題解決，也會受材料的物理特性或呈現的方式所影響[15]。

　　無論是從低階歷程到高階歷程，或從刺激驅動到概念驅動，其中的改變都是連續的，而不是非黑即白的分類。此外，這兩種分類方式是彼此獨立的，也就是說，無論高階或低階的處理歷程，都可能是刺激驅動或概念驅動的。例如，同樣是較低階的知覺辨識，辨識幾何圖

形比較依賴物體的顏色和形狀，而辨識臉孔則比較受個體經驗和知識
的影響[16]。在較高階的記憶歷程中，有時候我們記得的是文字的聲音
和形狀，有時候我們記得的則是文字的大意和主旨。儘管彼此獨立，
但通常低階歷程的運作比較依賴外在刺激的特性；而高階歷程的運作
則比較受脈絡、知識和經驗的影響。例如，我們的感覺歷程比較受物
體本身的顏色和形狀所影響，而我們的推理和思考歷程則比較受經驗
和知識的影響。也因為如此，啓動低階歷程運作的因素較單純，甚至
是固定、天生的。例如，許多較低等動物的行為是由特定的刺激所引
發，像是水螅遇到強烈刺激會全身收縮、飛蛾撲火、母鳥餵食雛鳥
等。相對的，高階歷程的運作受較多因素影響，運作結果的變異也比
較大。例如，不只是知識和經驗，動機、信念和文化也會影響我們的

推理歷程和結果。此外，高階歷程經常涉及多樣且抽象的符號操弄。例如，我們會依賴語言或心像來推理或解決問題。由這些差異，我們可以進一步推論自動化和高低階歷程的關係：運作單純且主要由外在刺激驅動的低階歷程運作比較容易進入自動化，而運作複雜、由概念所驅動的高階歷程，則比較不容易達到自動化。有研究發現，當刺激和反應的對應關係一再改變時，相對於關係固定，實驗參與者會較難透過重複練習而達到自動化反應[7]。如果人工智慧可以取代人類，那麼相對於高階、具有彈性的任務，愈低階、刺激和反應的關係愈固定，愈容易變成自動化的任務，就愈可能被取代。

　　自動化和高低階歷程的關係可以反映在不同的認知任務中。我們可以很快、不費心力地說出物體的形狀和顏色，但可能要花一些時間和心力才能認出它是什麼，或判斷之前是否有看過。前者是刺激和反應之間關係單純且固定的低階自動化歷程，而後者是答案變異較大的高階控制歷程。在這個控制歷程中，我們需要依賴知識和經驗來辨識物體，或需要搜尋記憶才能決定是否曾看過該物體。進行決策判斷時所依賴的歷程，則是另一個典型的例子。

　　有時候我們的決策完全決定於外在的刺激和情境；也就是說，我們的決策是依賴低階、固定、反應式的自動化歷程。相對的，決策中的控制歷程涉及訊息的提取、選擇、計算和權衡得失等高階認知運作。例如，為了省錢加上過去的某些經驗，讓我們總是購買大包裝的產品。這時候的購買行為已經完全自動化，也就是說，我們會不假思

索地做出選擇。有些人則會採取控制歷程，在仔細計算出大包裝和小包裝產品的單位價格後，才做選擇。就寫作這個複雜的認知任務而言，除了較低階的文字辨識和手寫或任何輸入所需的動作歷程，寫作還涉及以下多種高階歷程的運作：對訊息進行主動、刻意地提取、重新詮釋、分類、比較、綜合、應用、評估或預測，以及對所有認知運作本身和其結果進行監控和修正。本書在第四章之後所討論的內容，就是關於寫作中的這些高階認知歷程。

▎寫作時的資源分配

　　寫作的歷程包括閱讀理解、產出文字和句子以及組織段落和文章，涉及從低階到高階多種認知任務。以資源分配的角度而言，提高寫作效率最重要的原則是讓大部分的任務變成自動化，因此有限的認知資源就可以放在非仰賴控制歷程不可的任務上。具體而言，寫作時，運作單純且主要由外在刺激驅動的低階歷程運作需要已經自動化，我們才能將認知資源放在運作複雜、由概念所驅動的高階歷程上。寫作中的低階歷程任務，通常較可以固定不變的反應來完成，也因此我們較可以透過重複練習，而讓執行這些刺激和反應關係相對一致的任務變成自動化。例如，個別文字的正確書寫方式一般是固定不變的；對所有的語言而言，符合語法的句子都有相對固定的字詞排列方式。因此，在寫出文字和句子時，我們通常可以依照相同的反應和

程序來完成。在足夠的練習之後，我們可以不假思索地辨認、提取和寫出目標文字，也可以輕鬆地產生合語法的句子。這時候我們就可以將認知資源用在高階任務的執行，也就是將心力花在推敲字詞的選擇以及規劃句子與段落的順序，最後產出語意精準的字詞和句子、符合邏輯的段落和有效傳達主旨的文章。相反的，如果所有寫作相關的任務都需要認知資源，那麼寫作會變得困難且沒有效率。

作者的寫作表現，可以反映出有哪些寫作相關任務已經進入自動化。很明顯的，對一般成人而言，寫作過程中的低階歷程已經進入自動化；我們通常可以輕鬆地從記憶中提取並寫出目標文字。相對的，剛學會寫字的兒童需要將大部分的認知資源放在寫字本身，以至於寫作變得困難、甚至無法勝任。對寫作高手而言，甚至某些高階任務的進行也已經不需要費太多心力，行雲流水指的就是大部分的寫作歷程已經自動化。這些專家可以游刃有餘地用字遣詞，可以揮灑自如地安排句子及段落，並將想法組織成符合邏輯的論述，或吸引人的情節，最後成功地達成文章的主旨。在某些高階歷程也已經自動化的情況下，作者可以將認知資源分配到更複雜的高階歷程上，像是創新突破，而最終產生影響深遠的著作。

就認知自動化的觀點，我們可以從幾個面向來考慮如何善用認知資源，以提高寫作效率。

重複練習各項寫作相關技能是學習和改進寫作的最重要途徑。練習不僅可以讓寫作的低階任務變成自動化，寫作過程中有效分配認知

資源的能力，也會隨著練習而進步。換言之，寫作練習還可以減少不同認知任務之間協調和轉換時所需的資源。例如，透過練習，我們就比較可以一邊提取適當的文字，一邊規劃句子中文字的安排。這是因為在練習的過程中，我們會逐漸發展出一些策略，而且策略的使用會隨著練習而進步。

　　認知心理學的研究顯示，有一些練習的程序會比較有效率。首先，愈容易進入自動化的任務應該愈先練習。因此，我們應該先個別練習低階的任務。例如，兒童在學習寫作時，應該先只練習寫字。只有在確定這個低階的任務進入自動化之後，他們才有辦法全心學習其他的寫作相關任務。如果他們不但要執行多個費心力的任務，還需要協調不同任務間的資源分配，那麼他們會慌張失措、無從下手，更難以透過練習而進步。有些人認為所有認知任務的執行都應該透過理解和運算，而不應該死記。以認知心理學的角度而言，這個觀點等同於主張無論在任何階段，所有知識或技能都應該是花心力處理訊息的結果，而不應該直接從記憶中提取。例如，有一種曾經流行的看法：在計算二乘以三的時候，學生必須以連續的加法運算來獲得答案，而不應該先將答案記起來，然後直接提取。這樣的主張忽略了認知資源容量有限的影響。我們通常不會、也不應該要求學生在寫作時，花心力在每一個步驟和動作上，或有意識地分析每一個字形、字意和句子的語法結構。

　　其次，我們應該採取分散式的練習，持續而沒有間斷的練習容易

產生疲憊、無聊和學習上的瓶頸。分段練習不但可以避免這些問題，還可以增加練習的效果。將練習分散在不同的時間，也就是休息以後再練習，雖然練習時的表現可能會比不間斷的練習差，但練習後的效果會比較好，而且持續比較久[17]。無論對象是人類或其他的動物，無論在實驗室裡或實際的學習情境中，也無論是語文、動作技能或更複雜材料的學習，都可以觀察到這種間隔效果[18, 19]。經過適當的間隔再練習，可以讓每次的練習維持一定的難度，我們因此需要花些許心力提取和組織練習材料，而這些認知運作可以增強新的技能和知識。相對的，持續不間斷的練習只是單純的重複，較無助於練習效果的累積和維持。換言之，相較於不間斷的練習，間隔練習可以增進訓練的長期效果和其他類似任務的表現。

　　設法避免可利用的認知資源變少，可以讓我們有效地執行依賴控制歷程的寫作任務。相反的，身心狀態不佳會導致可以使用的認知資源減少，而使得高階、涉及控制歷程的任務難以達成。內外在動機、情緒及精神狀態都會影響可利用認知資源的多寡。例如，缺乏動機、睡眠不足、壓力過大或情緒低落時，我們的認知資源會變少，注意力控制會變差，而導致我們無法有組織、有系統、有邏輯地安排文章的內容。對初學者而言，這些負面的影響更明顯。除此之外，由於自動化歷程比較不受身心狀態的影響，因此在狀態不佳時，我們會轉而仰賴自動化歷程，尤其是那些經驗豐富的作者。例如，身心狀態不佳時，我們比較會不知不覺、自動化地完成某些寫作任務。沒有彈性的

用字遣詞、造句和組織方式，以及僵化的思考會主宰寫作的進行，最終導致文章的內容缺乏變化和創意，甚至充滿教條和陳腔濫調。例如，經常寫文章反駁科學迷思的作者，可能會慣性地以常用的思考邏輯，討論所有的科學發現，而完全忽略可能的例外和科學研究的創新多元。找出寫作的目標以提升內在動機，藉著給予自己獎賞而提升外在動機，在身心和情緒狀態良好的情況下寫作，都可以增加可運用和分配的認知資源，而促進寫作的效率和避免僵化沒有彈性。

有效的寫作還包含對自動化歷程的監控，無論自動化歷程來自於長期的練習，還是由於身心狀態不佳。換言之，寫作時我們還必須刻意地花心力檢視自動化歷程的執行結果，甚至設法避免過度的自動化。有研究顯示，避免過度自動化會讓我們寫作時較為深思熟慮。在這個研究中的實驗參與者必須寫出簡單的英文文章。結果發現，相對於以正常方式打字的參與者，使用單手打字的參與者在寫簡單的文章時，會選擇出現頻率比較低且較多樣的字彙[20]。換言之，降低打字的速度會使得參與者字彙的選用變得比較細緻和講究。這是因為在寫作的過程中，打字本身和寫出簡單的文章都已經自動化，可以快速、不費心力地進行，而導致習慣性和沒有變化的字彙選擇。單手打字則可以阻止這種過度的自動化，而讓參與者再次花心思在寫作的歷程上。

除此之外，自動化還會讓我們在審閱自己的文章時，很難察覺其中的失誤；這就是為什麼校對自己的文章通常很沒有效率。我們可以對症下藥，在不同的認知處理層次上避免這個問題。在閱讀自己的文

章時，我們可以藉由降低知覺的流暢性和熟悉度來避免過度自動化，以提高利用控制歷程發現失誤的可能。例如，在校正自己的文章時，任何改變文字外觀的方法都可能減緩自動化的快速閱讀，而使得我們比較容易注意到每一個字，進而提高發現錯誤的可能。改變字體、改以聽的方式校正，或文字呈現的方式從螢幕改成紙本，都可以達到這個目的。對於因為概念和理解造成的過度自動化，我們可以設法在除去文義脈絡的情況下校對。例如，我們可以藉由改變句子、段落甚至整篇文章內文字的閱讀順序，而降低句子或文章意義的影響；也就是強迫我們單獨辨識每一個字。以英文寫作為例，這個方法應該可以有效地找出拼字的錯誤。

▌任務間的轉換

　　無論是涉及自動化或控制歷程的任務，同時執行多個任務時，我們必須在不同的任務之間轉換。相較於依序完成兩個不同的任務，以交替的方式執行這兩個任務會使得表現變差；也就是在兩個任務之間轉換本身就要付出額外的代價[21]，而且這種代價很難藉由練習消除。有實驗發現，練習可以讓任務轉換變得比較容易、代價變小；但就算在幾萬次的練習之後，這個任務轉換的歷程不會變成完全自動化，它的代價依然存在[22]。另一個研究在分析了大樣本的網路線上訓練課程之後，也得到相同的結論[23]。因此，為了善用認知資源，我們應該盡

量避免在不同的任務之間轉換。換言之，我們應該依照先後順序分別單獨地完成不同的任務，而不是在任務間不斷地交替。在實際的寫作過程中，我們無可避免地需要在不同的任務之間轉換。例如，在執筆書寫時，我們一定會在文字書寫、安排文字順序和思考文章內容等多個任務之間轉換。但有兩類與寫作有關的任務轉換，是可以避免的。

　　首先，在寫作的規劃、執行和審閱三個階段中，規劃和審閱階段都可以序列的方式完成。我們應該一次只專注於一項任務或一個寫作的層面。例如，在規劃階段，你可以先將認知資源放在文章的組織架構上，也就是先決定論述的順序。這時你可以先不去講究文字和句子層次的正確性，而將注意力完全放在段落之間的邏輯關聯上。在決定了文章的架構或大綱之後，接著你可以專注於思考如何在段落中安排句子的順序，最後再去推敲句子內特定字詞的使用。通常高階歷程的處理結果會決定低階歷程的處理方式，也就是說，文章的組織架構不但會決定段落的順序，也會進而影響句子的安排，甚至字詞的選擇。因此，寫作規劃的聚焦順序應該是從高階到低階。相反的，若是你一開始就將注意力放在選擇特定的用詞上，這些字詞最後可能無法配合文章的內容與架構，你就必須放棄或修改。這就像是當我們在畫一幅畫時，我們會先決定構圖，然後再仔細描繪畫中的每個細節。我們不但可以在寫作的規劃階段採取這個方式，在審閱和校對的時候，我們也可以同樣地一次只專注檢視一個層次的問題。例如，在確定了整篇文章的組織架構沒有問題之後，再去檢查句子之間的連貫是否適當，

而將文字校對放在最後階段。就算在同一個層次上，我們也可以一次只專注在一個問題上，例如，只檢查是否有過度重複某個字彙或句型，或只檢查分段的方式是否恰當。無論是在哪一個層次，或採取哪一種執行順序，關鍵在於一次只專注於一個特定的任務，這樣可以避免在不同的任務之間不斷地轉換，而造成額外的認知負荷。

　　另一類的任務轉換涉及寫作和其他任何與寫作無關任務之間的交替執行。就達成寫作的目標而言，這些無關的任務是一種干擾。在即時通訊管道無所不在的網路時代，這一類的干擾幾乎無法避免。我們很容易高估自己能夠同時應付不同任務的能力[24]，而忽略轉換任務時所需要付出的代價。自己的分心、不專注和外來的干擾，都會造成這類任務轉換。轉換可以是出於自願或非自願的，花在干擾任務上的時間也可長可短。無論是哪一種情況，我們都需要耗費額外的認知資源去抑制前一個任務的執行，也就是你需要先終止執行干擾任務，才能再將認知資源轉移到目標任務上。在分心神遊、快速地瀏覽社群軟體上的訊息、接了一通電話，或處理完一個突發事件之後，我們通常無法立刻再度專注於被中斷的目標任務上。我們的注意力和心思會持續地停留在干擾任務中一段時間。這段時間的長短，決定於造成停留的機制，可以是大腦訊息處理的限制[25]，也可以是動機等高階歷程的影響[26]。關於前者，我們大腦中的中央處理器需要先完成一個任務，才能啟動下一個任務，例如，我們的大腦必須在完成一個選擇歷程之後，才能開始下一個選擇歷程的運作。至於後者，很多動機與情緒相

關因素都可能造成，我們對前一個任務依舊耿耿於懷或念念不忘。我們可能表面上看起來已經再度地專注於目標任務，但實際上心中想的還是剛剛那通電話的內容。但更重要的影響是來自於任務之間的轉移次數，如果次數太多，也就是我們一直無法持續地花心思在目標任務上，那麼任務的執行就會變得很沒有效率，或者只能依賴不費心力的自動化歷程。

就寫作而言，不斷的干擾和任務轉換會造成我們不用心思的淺薄或自動化思考。大部分高階認知任務的完成，都需要我們花一段持續的時間專注思考、深思熟慮。例如，我們只有在曾經花一段時間主動、費心思地吸收消化知識、深入分析問題之後，才會有靈光一現的創意。為了可以長時間專注於寫作，珍・奧斯汀、馬克吐溫、J.K.羅琳等古今著名的作家，都會在寫作時設法躲起來；他們會遠離人群，甚至家人。藉由改變環境而隔絕外界的干擾比較簡單，但要讓自己長時間專注、不分心則比較困難。

有學者主張，只有在長期的刻意練習之後，我們才可能成為某方面的專家[27]。除了長時間的重複訓練，刻意練習的過程中，還需要有具體、清楚的訓練目標和立即且有用的回饋，而目標和回饋這兩個條件的目的之一就是幫助維持專注力。目標和回饋藉由增進寫作動機，而讓專注力得以維持，無論這個動機是來自作者自己的成就感，或外在的酬賞。例如，靠著強烈的內在動機，知名作家史蒂芬金可以全年無休地，以每天兩千字的進度完成他的小說[28]。回饋則可以來自他

人，也可以透過像是記錄自己的寫作進度等方法來建立。其中，成功的寫作經驗所帶來的正面回饋，尤其可以增進動機和幫助維持專注力。除此之外，已經有不少研究顯示，訓練注意力和訓練覺察自我當下狀態的能力，都可以增進專注和自我控制[29]。尤其是有別於訓練任務本身，運動以及放鬆、冥想和正念的訓練，都可以透過促進對自主神經的控制和改變大腦狀態而降低壓力、穩定情緒，進而增進專注力。

　　我們也可以借助於電腦等數位科技來減輕認知負荷，或避免太多的任務轉換。就寫作的執行階段而言，想像用毛筆寫字和以控制腦神經電訊號的方式輸入文字，在所費時間和心力上的差異有多大。在寫作的規劃階段，無論使用哪一種書寫和記錄工具，隨時記下相關的想法、以圖表顯示論述的邏輯或故事情節的大綱和演進，都可以免除我們的記憶負擔、減輕我們的認知負荷。伍迪・艾倫的床頭櫃中，放滿了便利貼，這些便利貼記錄了他隨時想到的電影素材；J.K.羅琳會畫一個表格來整理故事中的人物和情節。在寫作的審閱階段中，除了可以借助於各類數位工具來檢查、矯正拼字及文法錯誤，我們還可以善用那些許多寫作指導手冊都會列出的檢核清單。若沒有檢核清單，我們可能會丟三落四或擔心丟三落四，也才會體驗到這類清單對減輕認知負荷有多大的幫助。對於寫作高手而言，檢核清單還可以避免過度自信造成的盲點，並減少高度自動化所帶來的問題。

　　某些可外包的低階認知任務，終究我們會透過重複練習而變成自

動化，不占認知資源，例如寫字。但只就寫作的目的而言[30]，科技可以幫我們省下這類練習所需的時間和心力，而將認知資源放在更高階的寫作任務上。當然，數位科技的使用本身不應該需要長時間學習或占據太多的認知資源，否則可能反而得不償失。科技的演進一日千里，當我們正在學習如何使用某一種工具來輸入文字時，更快速便捷的輸入方式可能已經上市。依賴不易使用的輸入工具是本末倒置。將部分的寫作相關任務外包給數位科技，可以讓我們將心力放在科技還無法替代的任務上。本文開頭提到的應徵者就是這一類的助手，也是候補的救援，應該僱用。但若我們想要僱用的是，一個可以獨立寫作的機器人，那麼它至少還必須具備下面各章所討論的能力，其中關於接下來要討論的後設認知能力，應該是對寫作機器人最大的挑戰。

▌註文

1. Unsworth, N., & Robison, M. K. (2019). Working memory capacity and sustained attention: A cognitive-energetic perspective. *Journal of Experimental Psychology: Learning, Memory, and Cognition, 46*(11), 77-103.

2. Kahneman, D. (1973). Attention and effort (Vol. 1063). *Englewood Cliffs*, NJ: Prentice-Hall.

3. James, W., Burkhardt, F., Bowers, F., & Skrupskelis, I. K. (1890). *The Principles of Psychology* (Vol. 1, No. 2). London: Macmillan.

4. Posner, M. I., & Snyder, C. R. (2004). Attention and cognitive control. *Cognitive Psychology: Key Readings*, 205-223.

5. Shiffrin, R. M., & Schneider, W. (1977). Controlled and automatic human information

processing: II. Perceptual learning, automatic attending and a general theory. *Psychological Review, 84*(2), 127-190.

6. Stroop, J. R. (1935). Studies of interference in serial verbal reactions. *Journal of Experimental Psychology, 18*(6), 643-662.

7. Schneider, W., & Shiffrin, R. M. (1977). Controlled and automatic human information processing: I. Detection, search, and attention. *Psychological Review, 84*(1), 1.

8. Anderson, J. R. (1992). Automaticity and the ACT theory. *The American Journal of Psychology*, 165-180.

9. LaBerge, D., & Samuels, S. J. (1974). Toward a theory of automatic information processing in reading. *Cognitive Psychology, 6*(2), 293-323.

10. Logan, G. D. (1988). Toward an instance theory of automatization. *Psychological Review, 95*(4), 492-527.

11. Logan, G. D., & Klapp, S. T. (1991). Automatizing alphabet arithmetic: I. Is extended practice necessary to produce automaticity? *Journal of Experimental Psychology: Learning, Memory, and Cognition, 17*(2), 179-195.

12. Reason, J. (1990). Human error. *Cambridge university press*.

13. Shepard, R. N. (1990). Mind sights: Original visual illusions, ambiguities, and other anomalies, with a commentary on the play of mind in perception and art. *New York, NY, US: W H Freeman/Times Books/ Henry Holt & Co*.

14. Samuel, A. (1996). Phoneme restoration. *Language and Cognitive Processes, 11*(6), 647-654.

15. Beveridge, M., & Parkins, E. (1987). Visual representation in analogical problem solving. *Memory & Cognition, 15*(3), 230-237.

16. Meissner, C. A., & Brigham, J. C. (2001). Thirty years of investigating the own-race bias in memory for faces: A meta-analytic review. *Psychology, Public Policy, and Law, 7*, 3-35.

17. Schmidt, R. A., & Bjork, R. A. (1992). New conceptualizations of practice: Common principles in three paradigms suggest new concepts for training. *Psychological Science, 3*, 207-217.

18. Benjamin, A. S., & Tullis, J. (2010). What makes distributed practice effective? *Cognitive Psychology, 61*, 228-247.

19. Carpenter, S. K., Cepeda, N. J., Rohrer, D., Kang, S. H., & Pashler, H. (2012). Using spacing to enhance diverse forms of learning: Review of recent research and implications for instruction. *Educational Psychology Review, 24*(3), 369-378.

20. Medimorec, S., Young, T. P., & Risko, E. F. (2017). Disfluency effects on lexical selection. *Cognition, 158*, 28-32.

21. Monsell, S. (2003). Task switching. *Trends in Cognitive Sciences, 7*(3), 134-140.

22. Stoet, G., & Snyder, L. H. (2007). Extensive practice does not eliminate human switch costs. *Cognitive, Affective, & Behavioral Neuroscience, 7*(3), 192-197.

23. Steyvers, M., Hawkins, G. E., Karayanidis, F., & Brown, S. D. (2019). A large-scale analysis of task switching practice effects across the lifespan. *Proceedings of the National Academy of Sciences, 116*(36), 17735-17740.

24. Finley, J. R., Benjamin, A. S., & McCarley, J. S. (2014). Metacognition of multitasking: How well do we predict the costs of divided attention? *Journal of Experimental Psychology: Applied, 20*(2), 158-165.

25. Smith, M. C. (1967). Theories of the psychological refractory period. *Psychological Bulletin, 67*(3), 202-213.

26. Leroy, S. (2009). Why is it so hard to do my work? The challenge of attention residue when switching between work tasks. *Organizational Behavior and Human Decision Processes, 109*(2), 168-181.

27. Ericsson, K. A., Krampe, R. T., & Tesch-Römer, C. (1993). The role of deliberate practice in the acquisition of expert performance. *Psychological Review, 100*(3), 363-406.

28. King, S. (2000). On writing: A memoir of the craft. *New York: Scribner*.

29. Tang, Y. Y., & Posner, M. I. (2009). Attention training and attention state training. *Trends in Cognitive Sciences, 13*(5), 222-227.

30. 若認為寫字本身就是一個應該培養的技能就另當別論。譬如，有人認為學生應該培養以毛筆寫字的能力。

第四章

知己：後設認知

我們先來看這個童話故事。

有一個追求時尚的國王，雖然已經將大部分人民的納稅錢花在治裝上，而造成民不聊生，他還是總覺得衣櫥裡少一件令他滿意的衣服。有一天他聽說國內來了兩位世界頂尖的裁縫師。這兩位裁縫師號稱可以製造出不但獨一無二，而且具有神奇魔力的衣服：只有聰明的人才可以看得見的衣服。好不容易終於等到衣服完成，當裁縫師將衣服獻給國王時，國王瞪大眼睛但卻沒有看到衣服，裁縫師甚至請國王摸一摸衣服上孔雀羽毛的細緻材質。宮廷裡的大臣們接著不約而同地讚美這件絕美的隱形衣服。當國王穿上這件衣服在全國人民之前展示的時候，一樣得到熱烈的掌聲。突然間在群眾裡有一個小孩大聲的說：「國王沒有穿衣服。」在一片沉寂之後，全部在場的人哈哈大笑了起來。

這個故事最大的轉折點在小孩說出國王沒穿衣服時。但是無論在小孩說話之前或之後，大家都知道國王沒穿衣服，為什麼小孩子的話會造成如此戲劇化的效果？實際上，小孩說話之前，大家並不確定別人是否有看到衣服。小孩的話讓所有人都增加了一種知識：別人也知

道國王沒穿衣服。換言之，現在我不但知道國王沒穿衣服，我也知道別人知道這件事。這種知識涉及認知心理學中一個重要的概念稱為心論，心論是一種後設認知。故事中另一個和後設認知有關的認知歷程，發生在大家第一次沒看到衣服的時候。這些人此時在腦海中想的可能是：我的眼睛有問題嗎？我真的沒看到衣服嗎？我不夠聰明嗎？我要承認沒有看到衣服嗎？這些反思和內省都與後設認知有關。

我們擁有的認知能力讓我們可以藉由改變行為而適應環境，但我們不只會被動地適應環境，我們也會主動地藉由改變環境而改變自己的命運。我們可以超越當下所接收到的訊息，而預測未來並設定目標；我們可以形成意圖，並依此決定和調整自己的行為。我們也會隨時檢查自己的行為是否與設定的目標、價值或道德標準有衝突。換言之，透過自我審視、調節和控制，每個人都是一個可以讓行為產生目的性結果的主體[1]。相對於人類，如果有一個人工智慧系統成功地寫出一篇論文，多數人應該會印象深刻。但是，這個人工智慧系統知道自己正在寫文章嗎？會對自己的表現感到滿意、甚至驕傲嗎？人類可以有意識地覺知自己正在進行一項認知任務；也能夠估計這個任務的難度、了解目前的成果距離設定的目標有多遠、根據目標調整自己的行為，以及評量自己的表現。這些後設認知能力是人類作為行動主體的最具體表現。

後設認知是一種關於認知的認知[2]，是個體對任何認知歷程的理解和控制：可以是關於自己的，也可以是關於別人的認知歷程；本章

及下一章將分別討論這兩類後設認知。本章先介紹後設認知的概念、理論與相關的研究，最後討論它與寫作的關係。

▌後設覺知、監測和控制

後設認知是對認知歷程的覺知、監測和控制。後設覺知是一種反思和內省的能力，讓我們可以覺察到自己的認知歷程。它可以是關於某個認知系統的覺知。例如，以記憶這個認知歷程為例，後設覺知是指我們覺察到自己的記憶運作歷程，或覺察到不同的記憶材料和學習策略會影響我們的記憶表現。後設覺知也可以是與知識或能力有關的自我了解。例如，「我是否具備某種知識」、「我學到什麼」、「我記得什麼」，或者「對於特定的事物我可以記得多久」。最後一類的後設覺知是，我們對於當下認知運作的即時覺察。例如，「我知道我記得某個學生的名字，而且我知道雖然我現在想不起來，但這個名字已經在我的舌尖，幾乎就要想起來」。這種舌尖現象顯示的，就是我們對於當下自己在記憶提取難度上的覺知[3]。雖然不只是人類，其他動物也具備類似的後設認知能力[4, 5]，但是要發展出具有這些後設覺知能力的人工智慧系統，應該是一個不小的挑戰。

後設監測指的是我們對於自己認知歷程或表現的評估。認知心理學家已經發展出數種實驗程序，來測量一個人的後設監測能力。在確定你想不起來澳洲的首都在哪裡之後，接著實驗者會要你預測，是否

可以在即將給你看的數個城市中指認出來，最後你必須真的指認出澳洲的首都。這是認知心理學家經常用來測量後設監測能力的程序。你在指認前的預測和你最後實際的指認表現愈一致，你的後設認知監測能力就愈好。相反地，如果你預測自己可以認出澳洲的首都，但最後卻指認不出來；或者你預測自己無法認出澳洲的首都，但最後卻正確地指認出來，兩者都顯示你的後設認知監測能力較差。一般成年人這個能力都不錯[6]。心理學家也會先要求實驗參與者判斷某個認知任務的難易度，或請實驗參與者預測經過一段時間後，自己還可以記得多少學習過的材料。接著研究者將參與者的判斷和預測，跟他們的實際表現做比較，藉此也可以測量參與者的後設監測能力。此外，研究者還可以利用以下方式，要求實驗參與者對自己的認知歷程進行後設監測：對自己在某個認知任務上的反應或選擇，參與者必須估計自信的程度；參與者必須判斷自己記憶或印象的清晰程度；參與者必須指出自己是如何獲得某些知識，或某個記憶的來源為何。

　　我們可能對某個認知歷程有後設覺知，也就是有覺察到這個認知歷程的某一些屬性，例如，在各種屬性中，特別覺察、注意到某個任務的難度。但我們不一定會做進一步的認知監測，也就是對自己認知歷程或表現做主觀地判斷，例如，進一步判斷這個任務對自己而言有多難。認知覺知卻是認知監測的必要條件，也就是我們需要先覺知到某個認知歷程，才能進一步地進行監測。有一位美國總統曾試著要說出「origin」（起源）這個詞，但是說成「orange」（柳橙），他多

次試著糾正，都沒有成功，最後只好改用「beginning」（開始）這個詞。在這個例子中，這位美國總統每次說完「origin」（起源）這個詞之後，都清楚地察覺到自己唸錯字，因此試著糾正；也就是他有後設覺知，但也僅止於此。他似乎沒有偵測到是尾音出了問題，因此也就一直無法糾正過來。若是他有覺察到自己的發音是在哪裡出了問題，他就可能進一步進行後設控制而糾正過來。後設認知中的控制，指的是在執行某個任務時，決定要採取什麼策略或行動。可能的後設控制包括：決定訊息的處理方式或步驟、決定要處理哪些材料，以及決定要花多少時間處理。

　　舉例而言，當你在準備考試的時候，在學習材料的各種特性中，你特別注意到它的難易度，以後設認知的角度來看，這就是你對材料的難易度有後設覺知；接著你了解到對你而言，這些材料相當困難，這時你做了後設監測。最後，因為你體會到材料困難，所以決定用較長的時間來準備，這個決定就是後設控制。認知表現的好壞和後設認知能力可以是獨立的。「知之為知之，不知為不知」，顯示的就是具備後設認知能力。認知表現的好壞，決定於我們是否具備必要的知識和技能；後設認知能力反映的則是我們是否知道自己有無具備這些知識和技能。可想而知，有些人會誤以為自己具備某些知識或能力，有些人則不知道自己實際上具備某些知識或能力，這兩者都是後設監測能力差的例子。早就有研究發現，有些幼稚園兒童會認為自己什麼事都不會忘記[7]，或高估自己的記憶能力[8]。

▌認知與後設認知的關係

目前最具影響力的後設認知理論，將認知系統的運作分成兩個層面：認知層面和後設層面[9]。後設認知中的覺知和監測指的是對自己認知歷程的了解，而這個了解仰賴的是認知層面提供的訊息；後設認知中的控制，指的是透過決策來調節和改變自己的認知歷程。認知層面提供關於認知表現的訊息給後設層面，而後設層面則藉由控制認知層面來改變它的運作。我們就是透過訊息在認知層面和後設層面之間不斷地流通，而完成後設監測和後設控制的循環。這個循環形成一個封閉的系統，讓我們可以不斷地在後設層面獲得回饋後，改變認知層面的行為；並在認知層面的行為改變之後，回饋給後設層面。

Nelson的後設認知理論

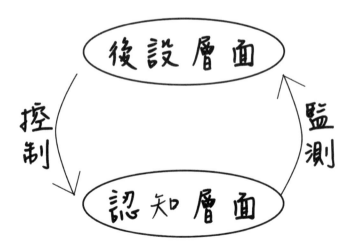

　　後設認知對學習重要，除了因爲它可以監控當下的行爲，還因爲它可以幫助我們將所學的應用到新的情境中。我們可以透過對自己認知歷程的覺知、監測和評量，而隨時調整自己的學習行爲。例如，讓我們知道還要花多少的時間學習、學習方式是否需要修正。除此之外，後設認知還可以提供有關如何學習的知識，包括了解在什麼情況下使用什麼策略、決定使用何種方式來學習某些材料。換言之，後設認知可以幫助我們將學習到的策略應用到不同的學習內容、情境和脈絡中。例如，你可能察覺到將事物分類，可以讓你比較容易由記憶中提取這些材料。這個後設覺知讓你可以在以後遇到類似的情境時，採取相同的策略，也就是將你察覺到的有效策略轉移到新的情境中。相反的，如果你只是具備使用某個策略的能力，而並沒有覺察或監測到自己有使用該策略，你就比較不會將它應用在新的情境中。例如，若你只是因爲眼前學習材料的特性而分類，而沒有察覺到分類是一種有用的學習策略，或者沒有監測到自己的表現有因爲將材料分類而提升，那麼你就比較不容易在另一個新的學習情境中使用分類這個策略。

　　後設認知包含各種與認知歷程有關的知識。認知心理學家將我們擁有的知識分成兩大類[10, 11]；同樣的，後設認知也包含對這兩類知識的覺知、監測和控制。第一類是可以用語言描述的陳述性知識。第二類是不容易或無法用語言描述的程序性知識。這些知識都儲存在我們的長期記憶中，因此我們也可稱它們爲陳述性記憶和程序性記憶。

我們的長期記憶中包含兩種性質不同的陳述性記憶。第一種是跟特定時間、地點或人物有關的事件或情節記憶。例如，我們記得或知道上個星期天，在甲餐廳跟乙一起吃飯的時候有使用筷子。另外一種陳述性記憶是語意記憶，它是一般性的知識，而和特定的時空人物無關。例如，我們知道筷子是一種常用的餐具。完整的事件記憶讓我們可以成功地回憶出事件中所有的人、時、地、物。具備語意記憶是指我們了解某個字詞所指為何。程序性記憶則讓我們能夠執行一項任務，像是使用筷子吃飯。

在這些記憶或知識系統中，事件記憶是最脆弱的，我們可能記得上個星期天在甲餐廳吃飯時，有使用筷子，但想不起筷子的花色。兒童要經過一段時間，才會發展出和成人一樣的事件記憶能力，而且隨著老化，事件記憶會最早退化。語意記憶是我們對事物的理解，比較不容易遺忘、消退。我們通常不會記得自己是如何獲得語意知識。例如，你大概已經想不起來，你是怎麼知道筷子是一種餐具。我們經常會對自己的陳述性記憶做後設認知的評估。例如，你覺察到自己常常會忘記餐廳的名字，並預期下個月就會完全想不起來。這是一種後設覺知和監測。這個認知監測的結果，使得你會將餐廳的名字寫下來，這就是一種後設控制。在回想某個字詞時產生的舌尖現象，就是一種對自己語意記憶的後設監測，例如，雖然你現在想不起來，但是你確定自己終究可以想出最早的隨身音樂播放工具叫做什麼。

程序性記憶是關於如何完成某些步驟和程序的記憶或知識。它包

括有關執行認知任務和動作技能的記憶或知識。前者像是閱讀、數學運算、解決問題等；後者的例子像是使用筷子、騎腳踏車和游泳等。程序性記憶還包括有關使用各種策略的知識，例如，如何按照既定的步驟，完成某個複雜的任務，像是製作麵包和組裝家具等。在擁有程序性記憶之後，我們通常不容易忘記。嬰兒就已經具備某些程序性記憶，程序性記憶也比較不受老化的影響。相對於陳述性記憶，我們對程序性記憶的認知監控比較差。你也許可以正確地評估，學會之後的十年都沒有再度使用筷子，你還是可以記得如何使用。但是你可能會懷疑，十年間都沒有騎腳踏車或游泳，你是否還具備這些曾經學會的技能。在日常生活中，我們需要同時依賴陳述性知識和程序性知識來完成大部分的認知任務，尤其是那些複雜的認知任務，寫作是最典型的例子。

▌後設認知的機制

後設監測的重要性在於它可以幫助我們控制或調節行為，最終幫助我們達成目標。例如，如果我們監測到某項任務比較困難，我們就會花較多的時間在這個任務上。有研究顯示，實驗參與者一般會花較多的時間，學習他認為困難的材料。但如果任務或材料太困難，這樣做可能會白白花費時間而沒有成果[12]。實際上，參與者還會根據其他的因素來調整策略。有研究顯示，當學習時間有限制時，實驗參與者

會選擇難度適中的材料來學習，而不會花時間在太困難和太簡單的材料上[13]。可見一般的成年人會根據目標、既有的外在條件和自我認知監測結果來調節自己的行為。舉例而言，對於準備考試這項任務，你要採取什麼策略或行為，除了考慮你想要達到的目標成績，你還需要考慮自己各項與這次考試有關的認知能力。你對自己認知能力的監測愈準確，你就愈可以採取有效的策略和行動，進而愈有機會成功地完成任務。

我們可以透過他人給予的回饋，來了解自己的認知狀態或能力。但是在大部分情況下，我們無法得到立即的外在回饋，而需要依賴自我覺知和監測。關於成人的後設認知能力，認知心理學已經累積了不少的研究成果。像是以下這些重要的發現：在學習新的材料時，通常在一開始時，我們可以還算準確地評估自己的表現，但隨著練習的增加，我們會漸漸低估自己的表現[14]。若面對的是訊息不確定的複雜情境，我們對自己的判斷正確性則會過度自信[15]。此外，大多數人會覺得自己的各種特質和能力比一般人，也就是平均值好[16]。對於許多事物的運作原理，我們會高估自己的理解程度[17]。無論是哪一種情況，我們對自己認知狀態或能力的判斷，主要仰賴兩個途徑。

第一個途徑是，直接提取完成該項認知任務所需要的知識[18]。例如，你可以直接試著回憶澳洲的首都，或直接設法列出解決某個數學問題所需的步驟。如果你回憶不出來，或沒有辦法列出所有的步驟，你就會覺知到自己無法完成這些任務，或者得到對完成這些任務沒有

自信的監測結果。有幾個原因會造成我們無法回憶出澳洲的首都：有可能是因為一時想不起來，也就是這個記憶暫時被阻斷；也有可能是因為印象很薄弱，也就是目標概念的活化強度不夠；當然也有可能是因為我們從來都沒有學習過這個知識。在這個例子中，你可以藉由目標概念在記憶中的清晰程度，或者回憶起這個概念的速度，來進行認知監測。譬如，判斷你有多大的機會，可以在數個城市中成功地指認出澳洲的首都；或者判斷你一個月之後是否還記得。如果我們都是採取這個途徑來做認知監測，那麼我們的監測準確度應該不錯，但是我們還會依賴第二個途徑。

我們判斷自己的認知狀態或能力的第二個途徑，是根據那些和目標有關的線索，進行間接地判斷。換言之，我們的認知監測會受眼前的脈絡線索所影響[19]。數量較多、較熟悉、較容易處理的線索，會讓我們覺得成功完成任務的機會較大，或對自己的答案比較有信心。例如，有研究顯示，我們對自己正確回答問題的可能性評估，在有些情況下是決定於對題目，而非答案的熟悉度[20]。也就是，我們的認知監測是決定於對題目相關線索的熟悉度，而不是根據想起答案的可能性。例如，學生在評估自己對不同學科的理解程度時，所根據的是自己對學科術語的熟悉性，而不是對概念理解與否。只根據對線索的熟悉性來做認知監測，可能會造成一些不準確的判斷。以心理學的術語為例，它們通常是日常生活中熟悉的用詞，學習者可能會因此高估自己的理解程度。

　　已經有很多研究顯示，對於因為字體較大或其他原因，而造成知覺流暢度增加的材料，實驗參與者會覺得可以學得比較好、記得比較久。換言之，因為字體較大，較容易閱讀，參與者就會認為較容易記住。但實際的測驗結果顯示，記憶表現並不受字體大小，也就是知覺的流暢度所影響。可見參與者是根據文字容易處理的程度，而不是實際的回憶容易程度來做判斷[21, 22]。此外，對於是否記得兩個物體曾配對出現，如果我們可以較快速地產生兩個物體互動的心像，例如，大象和鉛筆，我們就會覺得自己可以記的比較好，就算是在心像形成的速度和最後的記憶表現並沒有關係的情況下[23]。這個例子顯示，我們也會根據概念的流暢度，而不是記憶本身有多容易，來預測自己的表現。

　　相對的，缺乏相關的線索會讓我們很快地判斷自己不知道答案。換言之，我們可以在沒有試著搜尋答案，並審視自己認知歷程的情況下，就先進行後設認知的判斷。有學者甚至主張許多後設認知的運作可以無意識地被線索影響[24]。以上這些研究顯示，對於目標相關線索的熟悉性或處理流暢度，會影響我們的後設監測。由於這個監測不是直接針對認知運作本身，因此可能不準確。

　　當我們判斷自己對某個問題的答案一無所知的時候，有可能是因為我們無法提取目標訊息，也就是透過第一個途徑做判斷。但也可能是因為我們缺乏或完全不熟悉那些與目標訊息相關的線索，而與能否提取目標訊息無關，也就是透過第二個途徑做判斷。這就是為什麼有

時候我們可以很快地做出不知道這個反應，而不用先花時間試著去提取目標訊息。例如，你可能會不假思索、快速地判斷你並不知道澳洲的第一任總理是誰。相反的，我們也可能會對沒有經驗過的事物產生經歷過的感覺，這是因為眼前有很多熟悉的目標相關線索，導致我們判斷自己有經歷過這些事物。例如，因為眼前一切看起來都很熟悉，你會覺得曾經到過雪梨；但又因為你可以確定從未到過雪梨，所以你無法找出熟悉感的來源。這種矛盾、自己難以解釋的認知監測結果，就是法文中所稱的「似曾相識」。我們會對沒去過的地方、沒見過的事物覺得似曾相識，多半是因為這些地方或事物有很多我們熟悉的目標相關線索[25]。

▌寫作中的後設認知

　　寫作不但是後設認知的體現，而且在認知資源有限的情況下，維持寫作中精準的後設認知是作者的最大挑戰。寫作時，我們必須在內、外在條件的限制下，完成寫作的任務。外在的限制可以來自讀者、作品的用途、時空環境，以及可使用的書寫工具。內在的限制指的是我們的文字掌握能力、所具備的知識，以及所設定的寫作評量標準和目標。這些內、外在條件彼此密切關聯。例如，我們需要審視自己是否有能力，以目標讀者所能理解的語言來書寫。對於這些內、外在條件和寫作目標的覺知和監測愈好，我們就愈可以調整自己的寫作

行爲或策略、提高寫作效率，最後達成寫作的目標。除此之外，無論是後設覺知、後設監測或後設控制都需要花費心力、消耗認知資源，甚至集中注意力。在寫作時，已經自動化的任務不需要認知資源，需要認知資源的控制歷程，指的就是後設認知的運作。

無論是什麼情況下的寫作，唯有不斷地在寫作的每一個階段審視自己的目標，我們才能進一步監測是否已經達成該目標，並藉以決定是否要調整寫作目標或行爲。考試時，對於我們完全沒有準備且對答案一無所知的問題，我們可能將最後的目標調整爲不要得零分。爲了達成這個目標，我們可能只是拼湊出一些文字。有些學生可能會寫下所有能想到的上課內容，而不論這些內容是否與答案有關。這個例子所描繪的當然不是一個理想的學習狀況，但它卻顯示人類行爲的彈性。

我們通常會依賴後設認知，而因時制宜地調整目標或行爲。對於考試和測驗中的寫作，我們需要審視時間的限制和自己對答案的了解，而決定採取適當的策略，以幫助我們得到較好的成績。在這個情況下，時間的安排是否有效率，常常是能否達成目標的關鍵。對於應徵工作時的自傳寫作，我們需要考慮文章長度的限制，並有計劃的安排所要表達的內容。這個情況下的讀者，通常只會用很短的時間閱讀內容。對於學術論文的寫作而言，在一般情況下，時間和文章的長度不是最主要的限制，這時候我們要考慮的是，以什麼樣的論述方式來達到傳達理念的目標。有些情況下，我們還可能爲了達到某些特定目

標，而需要選擇適當的修辭和文體。例如，有些作者可能會經常引用古文，甚至以文言文來書寫以展現自己的修養。有些研究生在寫學位論文時，並沒有考慮清楚論文的寫作目標，以至於論文看起來像是以完成一定頁數的文字為目標。在實務上，學位論文的終極目標是獲得審查委員的認可。以科學論文寫作為例，為了達成這個目的，我們的論文需要有效地傳達研究動機和目的、所採用的方法和程序、以及所得到的結果和結論。為了達成這些次目標，我們需要正確地使用語言，並合理地安排論述方式。有研究顯示，寫作表現比較好的小學四年級學生，比較能夠說出寫作的目的及用途；而寫作能力較差的學生，則較不會覺察到寫作的目的和價值[26]。

除了寫作的目標，寫作時我們還需要監測自己的能力和知識。寫作仰賴多種認知能力和知識。寫作相關的陳述性知識，包括所有與寫作目標、主題、讀者及語言有關的知識。有研究顯示，寫作表現較好的兒童，對於不同種類文章之間的屬性和結構差異有較深入的了解[27]。關於寫作的程序性知識，則主要包括以下幾種執行策略的能力。首先是關於寫作前的準備和規劃，像是整合、取捨和評估相關文獻或資料的能力，以及決定寫作流程、訂定大綱和組織材料的能力。其次是所有與實際寫作本身有關的技能，像是產出和安排文字與內容的能力。最後是關於審閱和修改草稿的能力，在這個階段作者還同時需要具備閱讀理解的能力，藉以找出並更正錯誤。

有效的寫作不只需要具備以上這些知識與能力，更取決於我們是

否可以準確地監測自己的這些知識與能力。我們不但需要意識到、覺察到這些知識與能力對寫作的必要性，也需要持續地監測自己是否具備這些知識與能力，我們才可能採取必要的補求策略。例如，在決定如何用字遣詞和組織文章時，應該要考慮寫作的目的和讀者的程度。若是我們沒有覺察到這些知識的重要性，並監測我們是否具備這些知識，我們就可能只是將手上的訊息拼湊在一起，以致無法達成寫作的目標。有研究顯示，以這種缺乏後設認知、想到什麼就寫什麼的方式，寫出來的作品比較簡略、不完整且品質較差[28]。我們也需要知道自己是否已經具備充分的文章主題相關知識，才能決定是否需要蒐集更多的材料。另外，以程序性知識為例，我們需要監測自己的文字掌握能力。舉例而言，有些研究生因為某種因素，而以不熟悉的外語寫論文，卻完全沒有察覺到自己在該語言的語法上知識不足，因此有時候我們會看到中文語法的英文論文。其他的後設覺知和監測，還包括對於自己寫作表現及優缺點的評估、對自己寫作喜好和動機的覺察，以及判斷什麼樣的環境條件對自己的寫作有利。至於細緻的監測還包括知道自己的想法、看法或信念是從何而來。在判斷自己的技能表現優劣時，能力較差的實驗參與者會高估自己的測驗表現和能力[29]。寫作新手可以某個程度地覺察到自己的文章需要改進，但卻無法清楚地表達其原因為何[30]。

　　後設監測的結果可以引導我們寫作策略的選擇和執行。換言之，後設監測的結果是一種自我回饋，它提供了關於我們自己寫作認知

歷程和寫作行為的訊息，並可以讓我們知道距離目標有多遠，而這些訊息可進一步改變我們的認知歷程和行為。以前述的後設認知理論分析，寫作歷程同樣包括後設層次和認知層次。認知層次涵蓋了我們所具備與寫作有關的陳述性和程序性知識；後設層次指的則是我們所有關於自己寫作歷程的覺知、監測和控制能力。在選擇和執行了某一個寫作的策略之後，透過覺察和監測，認知層次可以將關於執行結果的訊息傳給後設層次；而後設層次可以根據這個回饋，調整我們寫作策略的選擇和執行。因此，在寫作的過程中，我們可以根據監測的結果和設定的寫作目標，不斷地調整寫作策略和行為。

　　舉例而言，若是我們察覺到對論文的主題非常陌生，我們就會分配較多的時間在文獻回顧上，接著我們會根據執行的結果是否有提高我們對論文主題的熟悉性，而決定下一步的時間分配策略。若我們監測到論文內容龐雜，並已超過我們的認知負荷，我們就會先找出論文架構及條例大綱，接著根據其成效而決定是否進一步修正論文架構。我們也可以根據對寫作目標或讀者的了解，來決定使用的文體和論述的順序，且隨後視情況而調整。相反的，若是沒有這些對寫作歷程、目標和讀者的覺察與監測，我們可能就會依靠直覺、信手拈來的訊息、沒有系統或僵化的規則來寫作。有研究顯示，在寫作課程中，自我調節等後設認知能力，比語文性向測驗分數更可以直接預測寫作表現[31]。除了後設覺知和監測能力，能否有效地選擇和執行寫作策略，也會影響寫作的表現。換言之，寫作表現也會受後設控制能力所影

響。有研究發現，在分配寫作的時間和心力上，寫作經驗多寡不同的實驗參與者之間有很大差異。較有經驗的作者會將多至三分之二以上的時間放在寫作規劃上。除此之外，這段時間的認知運作實際上大都和後設監測有關[32]。例如，有經驗的作者會花較多的時間和心力思考，寫作的目標、想要達到的寫作效果、讀者的背景和觀點，以及藉由什麼型態的文章、語調和風格來達成目標。

▌後設監測缺失的影響

透過練習，就算是極複雜的認知任務，我們仍然可能在花費很少，甚至在不費心力的情況下完成。有位大學二年級的學生在聽了近百個以一秒一個字速度呈現的隨機數字之後，可以正確地依序回憶出來，依賴的就是長時間練習，而讓記憶策略的使用變成自動化[33]。以寫作而言，若你是第一次寫童書，你應該需要花心力思考和監測讀者的需求和語言的使用。若是你長期寫某一類文章，例如學術論文，你可能可以在不太費心力、相對自動化的情況下完成與寫作目標、讀者及語言有關的後設監控；換言之，在這個情況下，你並不需要或沒有完全意識到你正在進行這些後設監控[24]。當然，就像任何自動化歷程，這時你也可能要付出上一章提及的缺乏彈性等代價。

寫作時，後設監控缺乏或不準確會產生幾種後果。首先，缺乏後設監控時，我們會像簡單的人工智慧寫作系統一樣，只是沒有目標

且被動、反應式地，將文字根據某些運算法則拼湊在一起。就算是有寫作經驗的作者，在急促匆忙或不經心的情況下，也會以這種方式寫作，以致產生前後不連貫且目標不明的作品。這是外在情境造成的無後設監控。其次，寫作能力和經驗不足也和認知監控缺乏有關。我們需要先具備一定程度的寫作能力和相關知識，才有可能對自己的寫作歷程有覺知和進行監控。在教學上最令人感到挫折的情況，應該是學生並沒有覺察到自己缺乏某些知識或技能，也缺乏自我監測的能力，以致他們也就無從判斷自己是否已經達到學習的目標。沒有來自認知監測的回饋，就沒有辦法透過認知控制改進寫作表現；而缺乏寫作能力和相關知識，又會反過來造成沒有機會改善後設監控能力。這時候作者將很難脫離這個封閉的系統：一個認知能力與後設認知能力都無法改善的惡性循環系統。

　　除此之外，我們對自己認知歷程的察覺和監控可能不準確。例如，有研究發現，雖然實驗參與者可以覺察到，同時進行兩個任務會比分開單獨執行這些任務困難，但他們會低估難度增加的程度[34]。以寫作而言，作者可能會高估或低估自己的能力和作品的品質。高估或過度自信會降低改善的動機，進而阻礙學習和進步；低估或自信心不足，則會造成躲避挑戰，進而影響寫作潛能的發揮。有研究發現，實驗參與者的後設認知能力會隨著相關技能的進步而變好[29]。以寫作為例，寫作能力的提升可以同時增進與寫作相關的後設認知能力；而對自己寫作歷程精準的覺察和監控，則又可以反過來改進寫作表現。這

時就形成了一個認知能力和後設認知能力相輔相成的良性循環系統。

　　寫作涉及許多複雜的認知任務，大部分時候我們無法進行完整、直接的後設監測，而需要依賴間接的線索來做判斷。我們會依賴兩類的線索：與經驗和與信念有關的線索[35]。首先，我們經常會依賴各種與當下處理經驗有關的線索，來做後設認知的判斷[9]。這些線索可能因其出現的次數和特徵，而讓我們產生不同程度的熟悉感。雖然有時這種主觀的熟悉感和實際上任務表現之間關聯很小[36]，但它卻會影響我們的認知監測。對大部分的人而言，寫作是從學齡時期就開始接觸的熟悉經驗，我們可能一再重複地被教導有關寫作的準則，像是起承轉合的組織架構原則；我們也可能一再地回想或閱讀與特定寫作主題有關的內容，例如，經常被要求寫一篇關於「我的志願」的文章。若實際的寫作能力沒有改進，來自於這些經驗的熟悉感，會造成「寫作很簡單」的錯覺。換言之，熟悉感會造成我們低估寫作的難度，以至於經常過度自信。

　　其次，除了來自材料的熟悉感，我們的信念和預期也會影響後設監測[37]。寫作經驗的累積不但會讓我們產生對寫作相關歷程的熟悉感，也會讓我們相信自己的寫作能力有進步。這種預期心理會增加我們認為自己寫作變好的信心；但如果實際上的練習並沒有跟著同樣地造成寫作能力的精進，那麼我們對自己寫作歷程的後設監測就會十分不準確。若某個學生只是行禮如儀地應付指定的寫作任務，對寫作原則的教導內容和寫作主題的相關知識也一知半解，這個學生仍然會預

期自己寫作相關的技能和認知能力有進步，以至於產生寫作有進步的錯覺，就算他的寫作表現並沒有相對應地改善。這就是為什麼大部分時候學生會高估自己的寫作能力，且進一步低估寫作所需耗費的時間和心力。

有時候專業知識會突顯這種因為熟悉感和預期所造成的認知監測錯誤。先試著回答這個問題：請以一到七分評定你對「前認知偏誤」這個詞的理解。如果你認為自己具備豐富的心理學知識，那麼你的評分應該會高於那些認為自己不懂心理學的人的評分。有研究顯示，在排除了實際知識多寡的影響之後，愈是認為自己相關領域知識豐富的人，在評定自己對領域內專有名詞的理解上就會愈高分[38]。你對這個結果應該不會感到訝異，但「前認知偏誤」這個所謂的心理學名詞實際上並不存在。可見即使對虛構術語理解程度的自我評量，也會和自認為擁有的專業知識多寡有關。這個研究還發現，就算是警告實驗參與者有些名詞是虛構的，結果還是一樣。由此可見，這個結果不是因為參與者在評量時要顧及顏面。顯而易見的，在進行認知監測時，我們經常不是藉由直接提取與目標相關的知識來審視自己的理解，而是根據自認為的知識多寡，來推論自己應該知道什麼。對於實驗參與者自己專業領域內的術語，這個現象比較明顯；但就算是對於專業領域之外的名詞，研究者也發現相同的結果。由此我們應該不難理解，為什麼有些專家會到處給建議，就算是對於那些並非自己專長的領域。

除了自己的知識，別人的知識也會影響我們的認知監測。第一次

做戚風蛋糕時，我們可能會求助於有經驗的親友，不過現在我們更可能透過搜尋引擎，尋找網路上的相關訊息。有些知識不在我們的記憶中，但我們知道在哪裡可以取得。這種互聯記憶[39]結合了我們自己的知識和外包給他人或科技工具儲存的知識。幾乎無所不知的網際網路可以提供我們立即且快速的答案，但它也同時會讓我們產生知識增加的錯覺。

有研究者首先要求實驗參與者透過網路尋找一些問題的答案，接著評量自己回答問題的能力，這些問題與之前的搜尋內容完全無關。結果發現，跟不曾在網路上搜尋答案的參與者比較，有搜尋過的參與者，實驗後的自評分數增加比較多；而且他們在選擇與理解有關的腦區影像時，比較會判定活化程度較高的影像是屬於自己的。此外，無論搜尋是否成功都有這些差異；而且這種差異只會發生在實驗參與者主動搜尋，而不會發生在被動接收搜尋結果的情況下[40]。由此可見，人們會錯誤地將在網路上主動搜尋訊息這個行為，當成是自己已經擁有相關的知識。這個結果再次顯示，我們對自己知識多寡的評估，經常不是來自直接審視自己是否可以提取訊息，而是依賴對相關線索的主觀熟悉感[41]。除此之外，在互聯記憶中，我們會低估這個熟悉感來自於外接記憶的程度，以致高估自己的知識。有另外一個類似的實驗結果：相對於還無法解釋的現象，對於那些被告知科學界已經理解的現象，實驗參與者會覺得自己比較了解，雖然實驗中所描述的現象都是虛構的[42]。我們對於監測自己的知識多寡，似乎也會濫竽充數，而

將大家知道的當成是自己知道的。

　　寫作時，若我們對於知識來源的後設監測有缺失，則可能會引起一些紛爭。有時候研究者會發現某一篇論文中的創見，是自己之前跟該論文的作者提及的。只要是涉及創作，抄襲和剽竊的可疑案例並不少見。但除了是刻意的，還有其他可能會造成你的創見出現在別人的作品中，變成他人的發明；或別人的想法被我們當成是自己的，而出現在我們的作品裡。比較容易處理的情況是，英雄所見略同，以至於都擁有某個觀念或想法。這時候我們能做的是，讓自己優先取得智慧財產權。比較棘手的狀況是，爭議的發生是來自於作者對自己創意的來源監測有誤。

　　將別人的想法誤判為是自己的想法，這個現象稱為無意識剽竊或潛隱記憶，它也可以在實驗室中觀察到[43]。大部分時候，我們可以有效地判斷一個概念或想法的來源；我們可以自動、快速且不自覺地進行關於想法來源的後設監測。例如，我們通常可以不假思索地判斷某個理論是自己想到的或是讀來的。但是，當據以判斷的線索不足或模糊時，我們就必須刻意、花費心力且有策略地去衡量相關線索和審視自己的認知歷程。根據認知心理學家提出的來源監測理論[44]，我們對於和一個概念或想法相關的知覺特徵，會有不同程度的印象；對於自己產生一個概念或想法時的內在認知歷程，也會有一定程度的覺察。透過對這兩者的評估，我們可以監測某個概念或想法的來源為何。舉例而言，對一本書封面特徵的記憶，可以幫助我們判斷我們的想法是

來自於閱讀該書；對影片中主角聲音的印象，可以幫助我們判斷我們的想法是來自於這部電影，而不是自己的想法。如果我們還記得花了多少時間和心力才產生某個想法，或者我們可以回想起產生這個想法的相關心理歷程，那麼我們應該可以確定這個想法是來自於自己。另外一個例子，如果我們對於郵局相關的特徵完全沒有印象，那麼我們可能就要懷疑，我們只是一直想要去郵局寄一封信，而實際上沒有寄。除此之外，我們還可以根據我們的知識、預期、信念和經驗，間接地推論某個概念或想法最可能的來源為何。例如，以我們對某人的了解或根據過去的經驗，來判斷他是否可能產生某個創意。為了決定一個想法的正確來源，有時候我們需要消耗額外的認知資源，進行有系統的認知監測。

▌促進寫作的後設認知

改善寫作及其相關的後設認知能力有時候並不簡單。舉例而言，大部分的研究生並沒有太多學術論文寫作的經驗，因此在撰寫學位論文時，大部分的寫作相關任務都處於控制歷程，以致常常會力不從心。其次，對於有些學科而言，為了獲得第一手的研究主題相關訊息，研究生平常閱讀的材料經常是以外文書寫，以至於他們並沒有太多機會閱讀以中文書寫的學術論文。此外，研究生通常也還沒有足夠的時間，累積大量與研究主題相關的知識，若再加上他們既有的語言

相關訓練不足，且沒有機會模仿優秀的作品和得到立即、具體且精準的回饋，這時候應該可以想像，遑論對自己的寫作歷程和能力進行後設監控，論文寫作本身就是一個很大的挑戰。

在寫作表現和對寫作歷程的後設監控之間，可以形成一個自給自足的執行與回饋系統。這個系統的運作可以在寫作的各個不同層次，從單字詞、句子、段落到整篇文章；也可以在寫作的不同階段，從規劃、執行到審閱和修改。掌握文字和組織文章的能力愈好，就愈能夠發現和糾正問題。我們可以從幾個方向來考慮，如何促進寫作相關的後設監控能力。

首先，後設監控需要認知資源，只有在大部分寫作任務的執行變成自動化後，我們才會有足夠的資源，在寫作的過程中監測自己的認知歷程，並控制自己的寫作策略。練習可以讓某些任務進入自動化，尤其是寫作中所仰賴的程序性知識。因此，持續地寫作練習或訓練，即是增進後設監控的必要途徑。其次，有了多餘的認知資源之後，我們就可以花時間和心力刻意地覺察、反思和監測寫作歷程。例如，隨時提醒自己大部分時候會高估自己的能力和知識，可以讓我們得到較正確的自我回饋；在用字遣詞時，思考讓讀者容易理解和展示自己的生花妙筆這兩個目標的優先順序，可以幫助我們達到最終的寫作目的。有研究顯示，訓練學生更加注意自己的思考過程[45]，可增進他們的後設認知能力。

除此之外，學齡前的兒童就已經會利用語言來幫助調節自己的行

為[46]，像是幫助集中注意力或決定動作的順序。同樣的，語言陳述可以幫助我們執行後設監控，並提高後設監控的準確度。有研究發現，訓練學生說出所使用的策略，可以增進他們的後設認知能力[47]。對寫作歷程和策略的外顯語言描述，至少可以達到三個目的。首先，為了用語言表達，作者必須充分地意識到自己的寫作歷程。換言之，語言表達可以促使作者有意識地覺察和監測自己原先沒有注意到的寫作歷程。在寫作的教學過程中，要求學生說明其所遭遇的寫作困難，可以增加他們對自己寫作能力優劣的覺察。例如，寫不出來可能是由於背景知識不足，而時間不夠則可能是由於沒有適當的寫作規劃。其次，由於語言描述可以增進自己對寫作歷程的覺知，因此我們可能在過程中調節並組織整理自己的思考，進而幫助發現偏差或漏洞，以及產生新想法和體悟。

最後，關於寫作歷程和策略的描述可以用在寫作的教學上。關於寫作的知識可以幫助我們進行寫作歷程監控。我們可以透過他人的教導、閱讀寫作指引或指導手冊，來獲得後設監控相關的知識。例如，寫作相關課程和書籍所提供的寫作準則、實用方法、關鍵技巧、祕笈和良方解藥，除了可以幫助寫作，也可以促進對自我寫作歷程的監控。例如，幫助我們檢查自己文章的開頭是否吸引人、論述是否有說服力、情節是否具體感人。有許多著名的作家，不但可以清楚地闡述關於自己寫作的歷程和策略，更樂於藉由不同的管道，與讀者分享這些歷程和策略[48, 49]。

除此之外，大量的閱讀以及充實與寫作主題相關的知識，也有助於提升後設監控。一方面我們可能因此內隱地學習到有關寫作的原則，就跟藉由多聽而學習語言一樣[50, 51]。另一方面，我們可藉由類比推理，在眾多範例中體會或歸納出寫作原則。例如，在閱讀很多小說之後，發現大部分暢銷小說的開頭都有某個特徵。無論是內隱或外顯的學習，都可以增進我們關於寫作的後設認知，進而促進對自己寫作歷程的監控。

關於寫作後設認知的知識無法代替寫作的經驗本身。例如，僅僅直接教授和測驗學生寫作相關的後設認知知識，對寫作學習成效的提升幫助不大。更糟的是，這些知識可能會讓學生因為熟悉感的增加，而造成寫作有改善的錯覺。要求初學寫作的學生，指出他是用什麼特定方法或技巧寫作，或者運用了什麼修辭學，而不強調寫作練習本身，及對他們的作品提供直接的評量，和即時、具體且詳細回饋，恐怕只會製造學習的假象，是一種本末倒置的寫作教學方法。寫作本身就是學習寫作的最重要途徑，後設認知是為了確保這個歷程往設定的目標前進。

不管人工智慧可以產生什麼樣的作品，若它沒有後設認知，不能反思、監控自己的寫作歷程，寫作機器人恐怕終究只是一個可以產生文字的工具，有別於具主體性的人類寫作。寫作時，除了要知道自己寫了什麼、自己知道或想到什麼，我們也必須了解讀者的心理狀態，畢竟大部分時候，讀者是寫作存在的理由。透過對自我的後設監測，

現在我們已經確定自己知道這件國王的新衣並不存在，接下來我們要考慮的是別人知道嗎？這是下一章要討論的主題。

▌ 註文

1. Bandura, A. (2001). Social cognitive theory: An agentic perspective. *Annual Review of Psychology, 52*(1), 1-26.

2. Dunlosky, J., & Metcalfe, J. (2008). *Metacognition*. Sage Publications.

3. Brown, R., & McNeill, D. (1966). The "tip of the tongue" phenomenon. *Journal of Verbal Learning and Verbal Behavior, 5*(4), 325-337.

4. Smith, J. D. (2009). The study of animal metacognition. *Trends in Cognitive Sciences, 13*(9), 389-396.

5. Kornell, N. (2009). Metacognition in humans and animals. *Current Directions in Psychological Science, 18*(1), 11-15.

6. Nelson, T. O., Leonesio, R. J., Landwehr, R. S., & Narens, L. (1986). A comparison of three predictors of an individual's memory performance: The individual's feeling of knowing versus the normative feeling of knowing versus base-rate item difficulty. *Journal of Experimental Psychology: Learning, Memory, and Cognition, 12*(2), 279.

7. Flavell, J. H., Friedrichs, A. G., & Hoyt, J. D. (1970). Developmental changes in memorization processes. *Cognitive Psychology, 1*(4), 324-340.

8. Kreutzer, M. A., Leonard, C., Flavell, J. H., & Hagen, J. W. (1975). An interview study of children's knowledge about memory. *Monographs of the Society for Research in Child Development, 40*(11),1-60.

9. Nelson, T. O., & Narens, L. (1990). Metamemory: A theoretical framework and new findings. In G. H. Bower (Ed.), *The Psychology of Learning and Motivation* (Vol. 26, pp. 125-141). New York, NY: Academic Press.

10. Squire, L. R. (2004). Memory systems of the brain: a brief history and current perspective. *Neurobiology of Learning and Memory, 82*(3), 171-177.

11. Tulving, E. (1972). Episodic and semantic memory. In E. Tulving & W. Donaldson (Eds.), *Organization of Memory* (pp. 381-403). New York: Academic Press.

12. Nelson, T. O., & Leonesio, R. J. (1988). Allocation of self-paced study time and the "labor-in-vain effect.". *Journal of Experimental Psychology: Learning, Memory, and Cognition, 14*(4), 676-686.

13. Son, L. K., & Metcalfe, J. (2000). Metacognitive and control strategies in study-time allocation. *Journal of Experimental Psychology: Learning, Memory, and Cognition, 26*(1), 204-221.

14. Koriat, A., Sheffer, L., & Ma'ayan, H. (2002). Comparing objective and subjective learning curves: judgments of learning exhibit increased underconfidence with practice. *Journal of Experimental Psychology: General, 131*(2), 147-162.

15. Moore, D. A., & Healy, P. J. (2008). The trouble with overconfidence. *Psychological Review, 115*(2), 502-517.

16. Alicke, M. D., & Govorun, O. (2005). The better-than-average effect. In M. D. Alicke, D. Dunning, & J. Krueger (Eds.), *The Self in Social Judgment* (pp. 85-106). New York: Psychology Press

17. Rozenblit, L., & Keil, F. (2002). The misunderstood limits of folk science: An illusion of explanatory depth. *Cognitive Science, 26*(5), 521-562.

18. Nelson, T. O., Gerler, D., & Narens, L. (1984). Accuracy of feeling-of-knowing judgments for predicting perceptual identification and relearning. *Journal of Experimental Psychology: General, 113*(2), 282-300.

19. Koriat, A. (1993). How do we know that we know? The accessibility model of the feeling of knowing. *Psychological Review, 100*(4), 609-639.

20. Reder, L. M., & Ritter, F. E. (1992). What determines initial feeling of knowing? Familiarity with question terms, not with the answer. *Journal of Experimental Psychology: Learning, Memory, and Cognition, 18*(3), 435-451.

21. Rhodes, M. G., & Castel, A. D. (2008). Memory predictions are influenced by perceptual information: evidence for metacognitive illusions. *Journal of Experimental Psychology: General, 137*(4), 615-625.

22. Fiacconi, C. M., Mitton, E. E., Laursen, S. J., & Skinner, J. (2020). Isolating the contribution of perceptual fluency to judgments of learning (JOLs): Evidence for reactivity in measuring the influence of fluency. *Journal of Experimental Psychology: Learning, Memory, and Cognition, 46*(5), 926-944.

23. Hertzog, C., Dunlosky, J., Robinson, A. E., & Kidder, D. P. (2003). Encoding fluency is a cue used for judgments about learning. *Journal of Experimental Psychology: Learning, Memory, and Cognition, 29*(1), 22-34.

24. Reder, L. M., & Schunn, C. D. (1996). Metacognition does not imply awareness: Strategy choice is governed by implicit learning and memory. *In Implicit Memory and Metacognition*(pp.45-78). Carnegie Mellon Symposia on Cognition Series. Psychology Press.

25. Brown, A. S. (2003). A review of the deja vu experience. *Psychological Bulletin, 129*(3), 394-413.

26. Saddler, B., & Graham, S. (2007). The relationship between writing knowledge and writing performance among more and less skilled writers. *Reading & Writing Quarterly, 23*(3), 231-247.

27. Donovan, C. A., & Smolkin, L. B. (2006). Children's understanding of genre and writing development. In C. A. MacArthur, S. Graham, & J. Fitzgerald (Eds.), *Handbook of Writing Research* (pp. 131-143). New York: The Guilford Press.

28. Graham, S., & R. Harris, K. (2000). The role of self-regulation and transcription skills in writing and writing development. *Educational Psychologist, 35*(1), 3-12.

29. Kruger, J., & Dunning, D. (1999). Unskilled and unaware of it: How difficulties in recognizing one's own incompetence lead to inflated self-assessments. *Journal of Personality and Social Psychology, 77*, 1121-1134.

30. Myhill, D., & Jones, S. (2007). More than just error correction: Students' perspectives on their revision processes during writing. *Written Communication, 24*(4), 323-343.

31. Zimmerman, B. J., & Bandura, A. (1994). Impact of self-regulatory influences on writing course attainment. *American Educational Research Journal, 31*(4), 845-862.

32. Flower, L. S., & Hayes, J. R. (1980). The dynamics of composing: Making plans and

juggling constraints. In L. W. Gregg & E. R. Steinberg (Eds.), *Cognitive Processes in Writing* (pp. 31-50). Hillsdale, NJ: Lawrence Erlbaum Associates.

33. Chase, W G., & Ericsson, K. A. (1981). Skilled memory. In J. R. Anderson (Ed.), *Cognitive Skills and Their Acquisition* (pp. 141-189). Hillsdale, NJ: Erlbaum.

34. Finley, J. R., Benjamin, A. S., & McCarley, J. S. (2014). Metacognition of multitasking: How well do we predict the costs of divided attention? *Journal of Experimental Psychology: Applied, 20*(2), 158.

35. Koriat, A. (1997). Monitoring one's own knowledge during study: A cue-utilization approach to judgments of learning. *Journal of Experimental Psychology: General, 126*, 349-370.

36. Nelson, T. O. (1984). A comparison of current measures of the accuracy of feeling-of-knowing predictions. *Psychological Bulletin, 95*, 109-133.

37. Costermans, J., Lories, G., & Ansay, C. (1992). Confidence level and feeling of knowing in question answering: The weight of inferential processes. *Journal of Experimental Psychology: Learning, Memory, and Cognition, 18*(1), 142-150.

38. Atir, S., Rosenzweig, E., & Dunning, D. (2015). When knowledge knows no bounds: Self-perceived expertise predicts claims of impossible knowledge. *Psychological Science, 26*(8), 1295-1303.

39. Wegner, D. M. (1987). Transactive memory: A contemporary analysis of the group mind. *In Theories of Group Behavior* (pp. 185-208). Springer, New York, NY.

40. Fisher, M., Goddu, M. K., & Keil, F. C. (2015). Searching for explanations: How the Internet inflates estimates of internal knowledge. *Journal of Experimental Psychology: General, 144*(3), 674-687.

41. Koriat, A., & Levy-Sadot, R. (2001). The combined contributions of the cue-familiarity and accessibility heuristics to feelings of knowing. *Journal of Experimental Psychology: Learning, Memory, and Cognition, 27*(1), 34-53.

42. Sloman, S. A., & Rabb, N. (2016). Your understanding is my understanding: Evidence for a community of knowledge. *Psychological Science, 27*(11), 1451-1460.

43. Brown, A. S., & Murphy, D. R. (1989). Cryptomnesia: Delineating inadvertent

plagiarism. *Journal of Experimental Psychology: Learning, Memory, and Cognition, 15*(3), 432-442.

44. Johnson, M. K., Hashtroudi, S., & Lindsay, D. S. (1993). Source monitoring. *Psychological Bulletin, 114*(1), 3.

45. Beuhring, T., & Kee, D. W. (1987). Developmental relationships among metamemory, elaborative strategy use, and associative memory. *Journal of Experimental Child Psychology, 44*, 377-400.

46. Vygotsky, L. S. (2012). Thought and word. In L. S. Vygotsky, *Thought and Language*, revised and expanded edition (Chapter 7). MIT press.

47. Moreno, J., & Saldaña, D. (2005). Use of a computer-assisted program to improve metacognition in persons with severe intellectual disabilities. *Research in Developmental Disabilities, 26*, 341-357.

48. King, S. (2000). On writing: A memoir of the craft. New York: Simon and Schuster.

49. Zinsser, W. (1983). On writing well (2nd ed.). New York, NY: Harper and Row.

50. Pacton, S., Perruchet, P., Fayol, M., & Cleeremans, A. (2001). Implicit learning out of the lab: The case of orthographic regularities. *Journal of Experimental Psychology: General, 130*, 401-426.

51. Reber, A. S. (1967). Implicit learning of artificial grammars. *Journal of Verbal Learning and Verbal Behavior, 6*, 855-863.

第五章　知彼：心論

在媒體影響力無所不在，甚至主導的時代，有人說沒有被報導的事，就不算發生過。不同的作者有其各自不同的寫作意圖，因此我們大概不能說沒有人閱讀的文章就不存在，何況任何文章都至少有一位讀者。但是對以發表研究成果為目標的學術論文而言，我們還是可以說，沒有人閱讀過的文章就無法產生影響力，就等於不存在。儘管傳達和溝通知識這個論文寫作的終極目標，有時候會因為一時一地的氛圍，而造成論文發表和外在酬賞的過度、甚至不當連結，以至於被忽略或遺忘；但新知識的累積和傳遞依然是大部分研究者最終的成就感來源。科學史上的最早發明或發現者，有時候是決定於誰先發表相關的論文，甚至決定於是否以普遍使用的語言發表[1]。在日常生活中，大部分的寫作更是為了溝通，因為讀者而存在。

這一章討論的重點是另外一種後設認知：對他人心理狀態的了解。這是一種更為高階、困難的社會性後設認知，其對象不是作者自己，而是讀者。在本章我將說明什麼是以讀者為對象的後設認知，接著我會介紹心論、心論的測量方法、相關的研究和它對寫作的重要性。

　　寫作不但是個人認知運作的產物，大部分時候，它也是一項社會活動：一種以讀者為對象的社會互動。我們的溝通品質會因為他人在場而變得比較好。有研究發現，小學三年級的學生在寫敘事體的文章時，若可以即時與同伴互動，他們會產出長度較長、品質較好的作品[2]。此外，在有同伴在現場，而且可以與他們互動的情況下，青少年對有爭議議題的論辯品質會提高[3]。甚至五至九歲的兒童，在被要求教導同伴完成某一項任務時，他們會隨著同伴是否在現場，而調整指導語的陳述方式和用語[4]。這些研究顯示，從兒童時期開始，溝通的目標對象是否在場，就已經會影響溝通的方式和內容。

　　寫作的挑戰之一是，它與面對面的溝通不同，讀者通常不在現場、不會立即回應。也因此，寫作的社會互動是一種模擬的互動。具體而言，作者假裝面對那些想像的讀者，而進行虛擬的對話；作者藉由虛擬的對話而傳達訊息、知識、理念或信仰。在兩種情況下，作者心中並沒有讀者。有一種情況是因為在寫作過程中，作者完全沒有考慮讀者的心理歷程。另一種情況是，作者只是獨白、自言自語，例如寫日記；這時候作者的目標純粹只是自我告白或抒發情緒。這一類心中沒有讀者是作者刻意造成的，也不在本章的討論範圍。但無論是哪一種情況，作者心中有無讀者，與實際上一篇文章有沒有讀者沒有關聯。

　　有研究者認為，寫作技能的發展有三個階段[5]。第一個階段是作者只想到記錄記憶中提取出的相關訊息；也就是說，只注意寫下自己

想說的，第二個階段是作者會注意到寫下來的文字是否傳達了自己所要表達的意思；換言之，他們不是只記錄想說的內容，而是藉由建構和組織文字，來表達自己的意思。第三個階段是作者會考慮到文章所傳達的訊息是什麼，也就是想像的讀者會讀到什麼。寫作是作者的想法、文字和讀者的理解，三者之間的交互作用。第一個階段的作者只關心自己的想法，寫出來的比較像是自己才看得懂的小抄。第二個階段的作者會考慮文字的安排是否可以準確地表達自己的想法。第三個階段的作者則會考慮自己的想法，是否可以藉由文字成功地傳達給讀者。若以本書的觀點來分析，第二個階段的作者具備關於寫作的後設認知能力，也就是可以監控寫出來的文字是否正確地表達了自己的想法。第三個階段的作者則同時具備了解讀者心理狀態的能力。可見，作者對讀者心理狀態的掌握是成熟寫作的必要條件。

▌以讀者爲目標的後設認知

有效的寫作包括作者對讀者心理狀態的了解。這種了解同樣涉及後設認知中的覺察、監測和控制。

在寫作的過程中，我們需要假設或至少覺察到有一群溝通的對象，也就是讀者。有些學生在寫論文的時候，沒有覺察到讀者的存在，而只是寫出自己知道或自己認爲應該要陳述的內容。理論上，這種對讀者存在的覺察有程度之分。作者可以從完全沒有覺察到讀者的

存在，覺察到模糊而不特定的讀者，到完全清楚地覺察到特定的讀者。除非有特殊原因或目的，完全自言自語式地文章寫作較少見；有些人則是在寫作時，心中隨時關注那群具體明確的目標讀者。大部分時候，我們對讀者存在的覺察是介於以上兩者之間。例如，雖然我們心中沒有特定的讀者，但是我們會考慮讀者能夠閱讀的文字和語言，或讀者是否為兒童等。有些作者會宣稱自己完全沒有考慮讀者，這樣的說法正顯示他們有覺知到讀者的存在，而應該只是要表達不會為了市場的需求，而去討好讀者。

　　就算作者注意、覺察到一篇文章會有讀者，他對讀者的監測可能不準確。作者可能完全沒有考慮目標讀者是誰、可能對目標讀者是誰的判斷錯誤，或可能對於目標讀者的心理狀態不了解。例如，很多研究生在寫論文的時候，就算有意識到論文會有讀者，心中並沒有明確的目標讀者。有些學生則以指導教授為目標讀者，而忽略了其他對於論文主題所知有限的讀者，最後的結果會是一篇多數人難以理解的論文。無論心中有無讀者或目標讀者是誰，作者都要對論文中語言的使用、內容的詳細程度，以及論述的方式做出抉擇。例如，我們必須決定對於特定的術語要不要進一步解釋、對於研究主題要提供多少的背景知識，以及對於論述的邏輯推演要說明到多詳細。這些問題的答案會因為目標讀者是社會大眾、中學生、大學生、研究生或同領域的研究者而不同。最後，無論寫作的目的為何，在我們設定了目標讀者之後，我們還需要了解讀者的認知、情緒、動機，及其所處社會的規

範、價值、文化和歷史，才能達到有效的溝通[6]。作者對讀者認知歷程的了解，包括知道讀者的注意力、知覺和記憶特性，以及讀者的語言能力和知識程度。情緒和動機層面的了解，包括：讀者的期望、興趣以及閱讀的目的。社會文化層面的了解，包括：讀者的社會角色、經驗、態度、信念和偏見。例如，在閱讀一篇論文時，指導教授、考試委員、期刊審稿者、學術界同儕和一般大眾，無論在認知、動機或社會角色的層面上，他們之間都會有很大的差異。除了這些關於讀者的穩定特質和角色，對讀者心理狀態的了解，還包括及時、動態地監測讀者在閱讀過程中心理狀態的變化。例如，作者可以知道，讀者在讀完緒論後，應該已經了解研究的背景和動機；或是作者可以預期，讀者在讀到某處會產生什麼疑問、期待什麼結果，甚至處於什麼樣的情緒。

　　另一個與寫作有關的後設認知層面是後設監控。就算已經知道目標讀者的心理狀態，作者也可能無法據此進行寫作相關的調節和控制。作者需要隨著讀者的心理狀態而調整寫作的語言、內容、論述方式和風格[7]。例如，作者要能夠提供必要且充分的訊息，以填補讀者背景知識的不足；適當地用字遣詞及組織文句段落，以降低讀者閱讀時的認知負荷。作者也必須有效地論述及說理，以改變讀者的信念和想法，並選擇可以引起讀者閱讀動機和興趣的情節鋪陳方式。當然，我們還可以將重點放在另一個層面的控制，也就是我們可以等待、改變、教導、教育、甚至教訓讀者。例如，有人耐心地等待知音和伯

樂，有詩人苦口婆心地教導讀者如何培養欣賞現代詩的能力。如果你是一位經常將論文投稿到學術期刊的研究者，你可能曾經在看了期刊主編和論文審閱者的評語之後，忍不住地要對這些讀者提出反駁、抱怨，甚至抗議。針對讀者的控制通常困難、不會立即產生效果、甚至完全沒有效果或實務上不可行。因此，比較實際的做法是培養自己對讀者存在的覺察，增進自己對目標讀者各種心理狀態的了解，以及訓練自己透過文字與讀者溝通。關於了解他人的心理狀態，心理學研究已經累積了一些重要的成果。

▎自我概念和心論

了解他人的第一步是知道他人與自己不同，並且能夠以他人的觀點來觀察事物的發展。很早就有學者主張，自我概念發展的基礎是個體可以超越自我，並採取他人的立場[8]。有研究者在動物身上，只有透過鏡子自己才能看得到的地方，像是鼻子，塗上一個紅點[9]。若是動物可以在看到鏡子上的紅點時，觸摸自己的鼻子，而不是鏡子，則表示該動物知道紅點是塗在自己的鼻子上，也就是知道鏡子裡的影像是自己。這個稱為標記測驗或鏡中測驗的實驗程序，可以檢驗個體是否具有以視覺自我辨識的能力，也就是個體能否覺察到自我。除了黑猩猩和一歲半以上的人類，研究者也以同樣或類似的方法測驗其他動物。探討非人類動物的自我概念有助於了解人類的獨特性，以及這

個概念的生理機制和演化上的起源[10]，雖然目前對於狗、海豚和喜鵲等動物是否也具備這項能力，研究者間仍有爭議[11]。有了自我覺知之後，個體才能進入下一階段的社會認知發展：了解和推論他人的心理歷程和狀態。能夠設身處地並理解他人的能力、知識、態度、動機、意圖和信念，乃是社會認知發展的關鍵里程碑[12, 13]。兒童的認知發展歷程是從完全的自我中心，到能夠考慮他人的觀點。年幼的兒童無法覺察到他人有和自己不同的觀點及內在世界，因此將自己看到的當成是唯一的現實[14]。擁有了解他人所見、所思、所感和所欲的能力，並不限於人類，在其他動物身上也可以觀察到這種社會認知能力的展現。例如，處於弱勢的黑猩猩不會去偷在強勢黑猩猩視線內的食物[15]，可見弱勢的黑猩猩能夠以強勢黑猩猩的觀點看事物。最近更有研究發現，小鼠會在沒有酬賞、甚至犧牲自己的食物的情況下，拯救受困的同伴[16]。這個結果顯示，小鼠不但可以了解同伴的處境，甚至表現出同理心。

　　知道別人做了什麼應該很容易，因為我們可以直接觀察。但是要知道別人心裡在想什麼就沒有那麼容易，因為我們除了看不到，在很多情況下，外在行為和心理歷程並沒有一對一的關係；有些個體因此將自己的心理狀態，視為是他人的心理狀態。心理學家將對他人心理狀態的了解稱為心智理論或心論[17]，因為它可以用來預測他人的行為，這些心理狀態包括信念、欲望和意圖。心論是一種社會性的後設認知，心理學家常以「錯誤信念」任務來研究心論。研究者以稱為不

預期移位和不預期內容的程序，來測量個體能否理解和推論他人的行為和信念[18, 19]。想像下列情境。你看到張三出門前將餅乾放在櫥櫃裡，接著在張三出門之後，有人將餅乾移到冰箱裡，你認為張三回家後會到哪裡去找餅乾？相類似的，如果在張三出門後有人將餅乾換成糖果，張三回來之後，在開櫥櫃的門之前，他會認為櫥櫃裡放的是餅乾還是糖果？如果你無法以張三的角度，而只能以自己的角度來理解或推論，那麼你的答案就會是：張三會到冰箱裡去找餅乾，或者認為櫥櫃裡放的是糖果。但實際上你應該可以很容易地正確回答這些問題，因為你可以從張三的角度來推論，而知道張三會認為餅乾是放在櫥櫃裡，或者認為櫥櫃裡放的是餅乾。換言之，你不但知道他人會有與你不同的信念，你也知道在這個例子中，張三的行為或預期是來自於他錯誤、有別於現實的信念。

心論會隨著兒童年齡的增長而變得更加細緻和複雜。大部分兒童在滿四歲之前，都可以通過「錯誤信念」任務的測試，三歲以下的兒童通常沒有辦法正確地回答，而部分五至六歲的兒童仍然會犯錯[20]。兒童的後天經驗也會影響其心論的發展。有研究發現，社會文化背景不同的兒童，在心論上的表現會有差異，而且這個差異反映的是，父母與子女互動時強調的面向。如果父母在描述自己的子女以及與子女的互動狀況時，著重的是心理特質，而非外在行為和外表特徵，那麼他們的子女在測驗心論的任務上，即會表現得比較好[21]。心論是了解、推論和預測他人信念和意圖的能力，而同理心則是推論、體會或

感受他人情緒經驗的能力。雖然對於同理心所涉及的行為和心理歷程，學者間的看法分歧[22]，但無論如何，它和能夠將心比心、對於他人的處境感同身受的後設能力有密切關聯。受歡迎的脫口秀主持人可以精準地預測，在說完每一句話之後，觀眾會有什麼心理反應、腦海中會出現什麼影像，或者會產生什麼行為。成功的小說家可以一字一句地掌握，讀者對故事情節的了解、預期及情緒反應。

　　理解他人心思的能力是個體之間互動的基礎。人際的互動包括互信、互助，也包括互相競爭、爾虞我詐。知道別人在想什麼，不但可以讓我們有效地傳達訊息，也讓我們可以成功地說服他人，甚至達到諷刺、調侃、欺騙和操弄他人的目的。相反地，若是作者無法預測，甚至沒有考慮讀者會讀出什麼涵義、讀後會產生什麼反應和情緒，就很難確保寫作的目標可以達成。舉例而言，報導科普知識對大部分的作者而言，是一個很大的挑戰。其中原因除了可能來自文章篇幅的限制，或作者自己缺乏足夠的背景知識；更重要的是，有些作者沒有鎖定目標讀者，或完全沒有思考潛在的讀者是誰，以至於經常最後的成品讓專家認為片面、簡化、不夠深入，甚至斷章取義，而一般的讀者又覺得太艱深。但更普遍的情況是，專家針對一般讀者所寫的文章，經常讓人覺得一頭霧水、艱澀難懂。

▌知識的詛咒

　　想像這個實驗。客廳裡有藍、黃、紅、綠四個不同顏色的箱子。小琪練完小提琴之後，將小提琴放進藍色的箱子裡，然後跑出去玩。這時候姊姊將小提琴移到另一個箱子裡面，並挪動四個箱子的位置，其中紅色箱子被移到原來藍色箱子的位置。你認為小琪回來之後，最可能到哪一個箱子裡去找小提琴？你的答案大概會是藍色箱子，有少數人可能選擇紅色箱子。這是上面提到，但稍微複雜的不預期移位程序。如果我進一步告訴你，姊姊是將小提琴移到紅色的箱子裡，這時候你認為小琪最可能到哪一個箱子裡去找小提琴？如果你跟大部分參與這個實驗的美國大學生一樣，這時候你回答藍色箱子的機會則會降低，而回答紅色箱子的機會會提高[23]。在上面描述的兩種情境中，第一個情境是你並不知道小提琴被移到哪一個箱子；而在第二個情境中，你知道小提琴是被移到紅色的箱子。但無論是在哪一種情境下，小琪都不知道小提琴已經被移到另一個箱子，換言之，小琪的知識狀態在這兩種情況下並沒有不同。可見是你的、而不是小琪的知識狀態造成在兩種情境中，藍色和紅色箱子選擇的差異。這個實驗顯示，我們自己的知識多寡，會影響我們判斷他人的錯誤信念。

　　我們現在所知道的會影響我們對自己先前或他人知識狀態的判斷和理解。前者造成的是後見之明的現象[24]，例如，在我們已經知道選舉結果之後，我們會低估在選舉之前我們對結果無知的程度。另一個

例子，有人此刻會說他早知道澳洲隊會贏球，通常也是因為高估了自己在球賽之前所知道的。換言之，我們會將現在才知道的，錯誤地認為結果產生之前就已經知道。至於對他人知識狀態的判斷，專家常常無法設身處地並了解初學者的認知狀態。我們會因為已經擁有某些知識，而無法準確地監測他人的知識狀態；換言之，我們會因為自己擁有的知識，而對目標事物產生處理流暢的感覺或熟悉感，並且很容易將這種流暢的感覺，錯誤地歸因於該事物本身，最後造成高估他人對該事物的熟悉感或理解[25]。任何領域的專家都可能無法區分，容易執行或容易理解是自己長期專業訓練的結果，或是事物本身的特性。例如，數學家可能會覺得這麼簡單的運算，別人怎麼會不理解。寫作高手會將自己純熟的技能，歸因於寫作本身很容易，以至於認為別人也應該覺得很容易。有經濟學學者稱這個現象為「知識的詛咒」[26]。看了以下這個句子之後，你會做何感想？「眾所周知，黑洞是巨型恆星內部核融合燃料消耗完後的產物」。大多數人可能不同意，關於黑洞的知識可以稱得上「眾所周知」。除非作者有其他的用意，否則這個例子反映出專家與讀者的不同步。

大部分的人會認為，專家最能夠解答相關的專業問題或傳達專業的知識，專家們也經常自認為最有辦法教導其他的非專家，或向大眾說明相關的專業知識。但有幾種認知現象和偏誤，反而時常造成專家難以向非專家解釋自己的專業知識。

首先，專家的某些知識或技能已經高度自動化，因此他們很難以

外顯的語言正確且精準地表達。缺乏教學經驗的游泳高手經常不是好的游泳教練，就是一個典型的例子。其次，知識的詛咒讓專家更容易以自我為中心，而認為自己知道的別人也會知道，甚至進一步誤以為別人與自己有同樣的意見、信念和價值，也就是形成假共識[27, 28]或共識錯覺[29]。在這個情況下，專家更無法知道他人實際的想法，更難有效地溝通。最後，知識是力量，但也是偏見之母。他人或自我的期許可能使得專家更容易受認知偏誤的影響。例如，後見之明偏誤讓專家更容易高估自己的判斷能力，且更沒有機會獲得正確的回饋。確認偏誤[30]使得專家更傾向只看見或尋找支持自己想法和信念的訊息，而造成更沒有機會修正自己的錯誤。

　　舉一個假想的例子。一位從事科學教育的專家時常教導學生，兩個事件一起發生，不代表它們之間有因果關係。堅信大學過度重視研究的想法，讓這位專家在眾多的調查結果中，特別注意到近幾年學生程度下降和研究論文增加這兩個結果，這是一種確認偏誤。專家認為這個果不其然、早知道的結果，支持他一再提出獎勵論文會造成教學品質下降的想法，這是後見之明偏誤。專家的結論是，難怪大家都主張大學教師應該要認真教學，不應太過強調研究，這可能是假共識。這個例子同時也說明，數種不同的認知偏誤可以同時產生，以致我們不但看不到自己推論的問題，反而誤認為自己說出了大家的心聲。

　　一個人相關知識的多寡，會影響他理解他人知識狀態的能力，這個現象與兩種認知機制有關。第一種是上述後設監測中的歸因問題，

也就是將自己知道、熟悉的，錯誤地視爲是目標問題簡單，他人也應該知道、熟悉。第二種是執行功能。有許多研究者主張，心論的表現和執行功能有關[31]。例如，在實驗中安排十歲的兒童和大學生，以自己的角度或他人的角度觀看圖形。當觀看的角度改變時，實驗參與者的圖形判斷速度會變慢，正確率也會下降；而且這個角度改變對判斷表現影響的大小，和參與者的抑制能力及年齡有關；抑制能力較差和年紀較小的參與者受到的影響比較大。這些結果顯示，無論是對兒童或成人而言，從他人的角度做判斷時，實驗參與者需要依賴執行功能，並且花時間和心力去抑制那個剛剛從自己的角度看到的圖形[32]。除此之外，改變執行功能會直接影響兒童心論的表現。有研究發現，若在實驗中先藉由延遲給予酬賞，而讓學齡前兒童的執行功能產生耗損，這些兒童隨後在錯誤信念任務中的表現會變差[33]。由此可見，當兒童無法依賴執行功能去抑制，那些以自己角度出發的反應時，他們會變得比較自我中心。

　　知識和技能的增長會讓我們的認知運作和反應變得更加自動化、更難被抑制，以致更依賴執行功能。這就是爲什麼那些經過長期經驗累積而形成的觀點，經常很難被修正和改變。有研究發現，有些人較容易被訴諸認知推理的訊息說服，有些人則比較會因爲訴諸情緒的訊息而改變[34]。因此，在決定如何說服讀者時，作者應該要考慮讀者的這個差異。但最近的研究發現，實驗參與者會自動自發地以訴諸情緒的訊息來說服他人，就算他們已經被告知，要說服的對象是一個容易

被認知推理，而非情緒訴求說服的人[35]。可見作者根深柢固的觀念會形成另一個關於心論的盲點。

▎讀者的認知與後設認知

　　有時候讀者讀到的不見得是作者的本意。想像在某一次的閱讀測驗中，考生被要求在數個答案中，選出測驗文章的主旨。最後公布的正確答案，被該文章的作者批評與其意圖不同，且認為另外一個答案才正確。在這個情況下，更改正確答案的前提是，這篇文章有效地表達了作者自己所設定的主旨。有幾個途徑可以幫助作者在寫作時，降低讀者不理解、會錯意和與作者觀點不一致的機會。在討論這些方法之前，我們應該先了解讀者閱讀時的認知與後設認知歷程。

　　首先，讀者對文章的理解程度是決定他們可以記得多少文章內容的關鍵因素，而讀者對一篇文章記得愈多、記得愈久，這篇文章就愈可能產生作者預期的影響力。理解與訊息的處理深度或層次是一體的兩面。認知心理學家依訊息儲存的時間長短，將記憶分為長期記憶和短期記憶[36]。作者應該會希望讀者將文章內的訊息儲存在長期記憶中，而不是一、兩分鐘後就忘記的短期記憶裡。相對於這種二分的記憶分類方式，有學者認為訊息可以被記多久，是決定於訊息處理的深度。處理深度或層次是一個連續的向度，而且訊息被處理得愈深，它就愈可以被記得久[37, 38]。以文字為例，閱讀時我們若只注意到文字

的大小、顏色或形狀，這時候對於這些文字我們通常會過目即忘。例如，對於不懂的文字，我們大概只會注意這些物理特徵，以至於很難記住它們。對於某些文字，我們也許會進一步注意到文字的語音特徵，但這一類處理方式也不會讓我們長久記住這些文字。除非是特殊的情況，像是閱讀時完全心不在焉或面對沒學過的文字，大部分時候我們會處理文字的意義，而不只是物理特性。對於經過語意處理的文字，我們會記得比較久。有時候，除了字義的理解，讀到的文字還會進一步讓我們在腦海中產生某些影像、激起我們心中某些情緒，或引發我們各種聯想。例如，有些文字描述可能讓我們聯想到自己親身的經驗，甚至覺得心有戚戚焉。很多認知心理學的研究顯示[37, 38, 39]，從處理文字的物理特性到聯想文字訊息與自己的關聯，實驗參與者對文字的記憶會愈來愈好。因此，如果你可以讓讀者對你的文章產生共鳴，那麼他們對你的文章會有很好的記憶。相對的，讀者會無法記住有看卻沒有懂的文章。除此之外，讀者對文章的理解愈好，他們的後設理解，也就是對理解程度的自我評估，也會比較準確[40]，這應該也是作者想要達到的目標之一。

其次，以後設認知的理論來分析，讀者同樣會採取兩個途徑，來判斷自己對文章的理解。讀者在閱讀一篇文章時，可能直接藉由提取和比對自己的知識或記憶，而判斷對文章的理解程度，其結果可以讓讀者產生從完全不理解到完全理解的後設覺察和監測。對於完全無法理解的文章，如果有選擇，一般讀者可能選擇放棄閱讀。對於其他的

文章，讀者可以有不同層次的理解。他們可能只是了解字面的意義，也可能進一步推論文章的意涵，或領悟出文章所要傳達的教訓，所影射的人、事、物。讀者也可能會穿鑿附會、過度引申、吹毛求疵，甚至做超越作者意圖的泛政治和泛性解讀[41]。

　　讀者還可能依循第二個途徑，來判斷自己的理解；也就是讀者會根據對相關線索的熟悉度做間接推論。這些推論的結果，不但會影響讀者對自己文章理解程度的判斷，也可能引發一些外部效應。在理解程度的判斷上，跟所有的後設監測一樣，熟悉的字、句和概念，可能會讓讀者產生理解的錯覺[42]，或高估理解的深度[43]。外部效應指的是理解以外的效果，可以發生在各種不同的情境中。例如有研究顯示，讀者可以藉由閱讀文章，而判斷作者的人格特質，而且實驗參與者之間有相當高的共識[44]。除此之外，有不少研究發現，一篇論文在解釋研究結果時，若在文中加入有關腦神經科學相關的描述或圖片，會增加一般讀者對論文所提解釋的滿意程度，就算這些額外的訊息與研究結果的推論無關[45, 46]。例如，加上一些無關，但包含「前額葉」之類字眼的描述，就可以讓讀者對論文所提出的解釋較滿意。曾有學生表示，選擇就讀心理系是因為讀了一本很有學問的書，而有學問的印象是來自於有的內容看不太懂。使用外文、術語、行話、文言文及掉書袋，也許可以讓讀者對作者或作品產生某種印象；但除非留下這些印象是作者的唯一目的，否則應該考慮是否會以大部分讀者的理解為代價。

▌設身處地

有幾個方法可以幫助作者在寫作時，考慮讀者的觀點。

首先，作者花心思刻意地監測讀者的心理狀態，會有助於與讀者溝通。我們當下的思考有時候是有目標的，像是正在學習或解決問題時；但有時候我們會沒有目標地胡思亂想、分心走神[47]。無論是哪一種情況，其中都可能包括屬於後設認知的思考，也就是對自己或他人心理狀態的反思和監測。例如，我們在念書的時候，覺察到自己看不懂書本的內容，而且腦袋裡想的反而是某一部電影的情節，這是我們對自己分心走神狀態的監測。在閱讀自己寫的文章時，我們也可能會同時想到讀者的反應，這是對他人心理狀態的監測。大部分的人都會有這類自發性的後設思考，但它在發生的頻率上有個別差異[48]。就寫作而言，刻意、有覺知地以讀者的角度和立場來審視自己的文章，可以幫助我們理解讀者閱讀時的心理歷程和狀態。這些心理歷程和狀態是動態、隨時空改變的，也可以是微觀或巨觀的。

在微觀上，我們可以更細緻地模擬讀者閱讀時的心理狀態，思考它是如何隨著時間的推進和空間的轉移而改變。例如，有些論文的摘要或開頭部分，充滿術語和缺乏脈絡的描述，導致讀者只有在閱讀完整篇論文後，才能再回頭理解，這時候摘要和論文開頭吸引讀者的功能就完全喪失。這不是論文書寫的必然結果，而是因為作者沒有考慮讀者的閱讀理解順序。在描述研究方法的流程和步驟時，這種依循時

空改變的心理模擬，可以避免作者因爲對內容太過熟悉，以致無法抑制自己的觀點而採取讀者的觀點，最後讓讀者陷入五里霧中。這就是爲什麼有時候在描述論文中的研究方法時，儘管對作者而言是具體且簡單的實驗程序，作者的描述卻依然很難讓讀者可以依序建構出一個完整、合理的流程和步驟。類似的例子在一些使用指南或操作手冊中更明顯。此外，我們可以有意識地監測讀者在讀完每一句或每一段話之後的心理狀態，以免將自己的理解和情緒當成是讀者的理解和情緒。例如，如果我們面對的是忙碌的讀者，像是日理萬機的主管在閱讀大量的應徵者履歷時，他們可能很難跟我們想像的一樣仔細或享受閱讀。

巨觀上的時空脈絡，指的是讀者所屬文化、社會、團體或社群所依循的規範和常模。在這些規範和常模下產生的共同語言，也可以用來促進作者和讀者溝通。使用與目標讀者共用的語言，可以讓作者和讀者有一致的觀點和理解。這些語言可以是慣用語、噱頭詞、行話，甚至是專業術語，只要它們是目標讀者的語言。有些作者可以跟上一時的風潮，使用爲特定讀者量身訂製的語言，而成功地引起共鳴。以論文的寫作而言，選擇特定的用語和表達方式，可以建立與讀者共同的理解基礎；遵循一定的規範、甚至論文的格式，可以形成讀者對文章組織架構的預期。這些做法都有助於目標讀者對文章的理解。當然，愈特定的語言，愈可能限縮文章的讀者群，因此也許我們應該同時提醒自己，在時空的考量之下，最終的目標讀者是誰。畢竟，有些

作品可能只在某處流行十五分鐘，有些作品則可以在四海長久流傳。

　　其次，語言包括字面、隱含和約定俗成的意義[49]，作者不只要考慮語言的表面意義，也要考慮它所傳達的意涵。語言的意涵是動態的，決定於溝通的目的、脈絡和讀者。作者若是沒有考慮到這些因素，其意圖可能被誤解。以讀者而言，溝通是合作的過程，作者對於合作對象的掌握愈精準，就愈能與他們共同完成溝通的目的。讀者讀到的意義可能和作者想表達的不同，尤其是文字的隱含意義會因情境、因人而異。讀者是根據自己的知識、預期和意圖，來理解作者文字的邏輯和所預設或影射的。例如，如果有學者以「沒有錯字，格式正確」來評量一篇論文。就算描述的是一個真實且正面的狀態，但不同的讀者會讀到不同的意涵。對剛學習寫論文的學生而言，接收到的訊息可能是，這是一篇模範論文。其他同領域的學者則可能認為，這表示論文乏善可陳，甚至一無是處。

　　除了自我內在的覺知和監測，我們還可以善用外在的回饋。最直接的回饋是來自於目標讀者。無論什麼樣的讀者，都可能指出我們的盲點，而且就算是簡單的提醒也會有效果[50]。有研究發現，讀者閱讀文章時，關於自己理解歷程的口語敘述，可以提供比標準編輯更有用的編修訊息，進而可以在編輯後提升其他讀者對文章的理解[51]。換言之，有時候根據讀者的回饋，比根據制式規範的修改，更可以提高文章的可讀性。還有一個理想的讀者是，另一個時空的我們。不同時空下的環境脈絡會造成我們提取不同的記憶，和以不同的方式處理訊息[52]，

因此改變時空脈絡，可以讓我們更容易從其他的角度來閱讀自己的文章，而不會被單一、強勢的觀點所完全支配。

最後，有些人在透過自言自語幫助自己思考時，會以第二或第三人稱來指稱自己。也就是將自己當作對象或第三者來與自己對話，例如，我們可能會對自己說：「你不是小琪，你要從小琪的角度來看事情。」或者如果你是張三，你會對自己說：「張三要從小琪的角度來看事情。」這一類幫助思考的語言使用方式，應該有助於我們以不同的觀點審視自己。有研究顯示，以第三人稱來指稱自己，可以產生作為監測者的自我與作為執行者的自我之間的心理距離，進而促進自我控制，並減少對認知資源的依賴[53]。也許這種以第三人稱指稱自己的方式，也可以提醒我們自己是後設監控的主體。因此可以進一步促進我們掌控自己的觀點，包括抑制自己既有的觀點，並採取讀者的觀點。

考慮讀者的觀點對寫作雖然非常重要，但我們的資源和資訊終究有其限制。首先，我們不可能依賴執行功能進行過度複雜的推論。以作者所具備的心論而言，考慮讀者的觀點是第一級心論，例如「我知道讀者知道」；考慮讀者所知道的作者觀點是屬於第二級心論，例如「我知道讀者知道我知道」；考慮讀者所知道，關於作者所知道的讀者觀點是屬於第三級心論，例如「我知道讀者知道我知道讀者知道」，你可以依此類推。過度關注讀者的心理狀態，或考慮等級較高的心論，會增加，甚至超越我們的認知負荷，反而影響寫作的其他重

要層面。其次，我們不可能眞正地確定潛在的讀者是誰，或完全了解他們，更何況我們的讀者還可能來自未來遙遠的時空。最後，若我們關注的是作者的寫作歷程，這個歷程止於作品完成時，接下來是讀者與文章的互動；在這種互動的過程中，讀者不但是主動的參與者，甚至也可能是創造者[54]。也許當作者覺察到以上這些限制時，正反映出他不但已經具備關於讀者的社會後設認知，也充分具備關於自己的後設認知。

本文討論的只限於哪些可以言傳的意。有人可能會認為「只能意會不能言傳」是溝通的最高境界，不想要的對話也可以因此中止。例如，有政治人物在被要求解釋他所說的話時，表示字面上說的已經非常明白、沒有解釋，更強調只能意會不能言傳。這類回答顯示作者認為讀者並沒有會到他的意。在國王的新衣寓言故事中，最後喊話的小孩讓大家知道，別人也知道沒有這件新衣。但是對於那些不能言傳的意，我們恐怕永遠無法知道它是不是國王的新衣。

寫作時我們不只要能夠監測自己和讀者的認知歷程，也要能掌控自己的寫作行為，也就是可以透過文字與讀者溝通，這是下面兩章要討論的主題。

▌註文

1. 關於氧氣的發現就是一個典型的例子。

2. Daiute, C., & Dalton, B. (1993). Collaboration between children learning to write: Can novices be masters? *Cognition and Instruction, 10*(4), 281-333.

3. Kuhn, D., Shaw, V., & Felton, M. (1997). Effects of dyadic interaction on argumentive reasoning. *Cognition and Instruction, 15*(3), 287-315.

4. Littleton, E. B. (1998). Emerging cognitive skills for writing: Sensitivity to audience presence in five-through nine-year-olds' speech. *Cognition and Instruction, 16*(4), 399-430.

5. Kellogg, R. T. (2008). Training writing skills: A cognitive developmental perspective. *Journal of Writing Research, 1*, 1-26.

6. Rubin, D. L. (1984). Social cognition and written communication. *Written Communication, 1*(2), 211-245.

7. Hayes, J. R. (2000). A new framework for understanding cognition and affect in writing. In R. Indrisano & J. R. Squire (Eds.), *Perspectives on Writing: Research, Theory, and Practice* (pp. 6-44). Newark, DE: International Reading Association.

8. Mead, G. H. (1934). *Mind, Self and Society* (Vol. 111). University of Chicago Press.: Chicago.

9. Gallup, G. G. (1970). Chimpanzees: self-recognition. *Science, 167*(3914), 86-87.

10. Krupenye, C., & Call, J. (2019). Theory of mind in animals: Current and future directions. *Wiley Interdisciplinary Reviews: Cognitive Science*, e1503.

11. Gallup, G. G. (2018). The "olfactory mirror" and other recent attempts to demonstrate self-recognition in non-primate species. *Behavioral Processes,148*, 16-19.

12. Flavell, J. H., Miller, P. H., & Miller, S. A. (1985). *Cognitive Development* (Vol. 338). Englewood Cliffs, NJ: Prentice-Hall.

13. Flavell, J. H. (1968). The development of role-taking and communication skills in children. Oxford, England: John Wiley.

14. Piaget, J. (2002). The language and thought of the child (Vol. 5). *Psychology Press.*

15. Hare, B., Call, J., Agnetta, B., & Tomasello, M. (2000). Chimpanzees know what conspecifics do and do not see. *Animal Behaviour, 59*, 771-785.

16. Bartal, I. B. A., Decety, J., & Mason, P. (2011). Empathy and pro-social behavior in rats.

Science, 334, 1427-1430.

17. Premack, D., & Woodruff, G. (1978). Does the chimpanzee have a theory of mind? *Behavioral and Brain Sciences, 1*(4), 515-526.

18. Perner, J. (1999). Theory of mind. In M. Bennett, Developmental sychology: Achievements and prospects (pp. 205-230). New York, NY, US: *Psychology Press*.

19. Perner, J., & Wimmer, H. (1985). "John thinks that Mary thinks that..." attribution of second-order beliefs by 5-to 10-year-old children. *Journal of Experimental Child Psychology, 39*(3), 437-471.

20. Wimmer, H., & Perner, J. (1983). Beliefs about beliefs: Representation and constraining function of wrong beliefs in young children's understanding of deception. *Cognition, 13*(1), 103-128.

21. Hughes, C., Devine, R. T., & Wang, Z. (2018). Does parental mind-mindedness account for cross-cultural differences in preschoolers' theory of mind? *Child Development, 89*, 1296-1310.

22. Wispé, L. (1987). History of the concept of empathy. In N. Eisenberg & J. Strayer (Eds.), *Cambridge studies in social and emotional development. Empathy and its development* (pp. 17-37). New York, NY, US: Cambridge University Press.

23. Birch, S. A., & Bloom, P. (2007). The curse of knowledge in reasoning about false beliefs. *Psychological Science, 18*(5), 382-386.

24. Roese, N. J., & Vohs, K. D. (2012). Hindsight bias. *Perspectives on Psychological Science, 7*(5), 411-426.

25. Birch, S. A., Brosseau-Liard, P. E., Haddock, T., & Ghrear, S. E. (2017). A 'curse of knowledge' in the absence of knowledge? People misattribute fluency when judging how common knowledge is among their peers. *Cognition, 166*, 447-458.

26. Camerer, C., Loewenstein, G., & Weber, M. (1989). The curse of knowledge in economic settings: An experimental analysis. *Journal of Political Economy, 97*, 1232-1254.

27. Ross, L., Greene, D., & House, P. (1977). The "false consensus effect": An egocentric bias in social perception and attribution processes. *Journal of Experimental Social*

Psychology, 13, 279-301.

28. Marks, G., & Miller, N. (1987). Ten years of research on the false-consensus effect: An empirical and theoretical review. *Psychological Bulletin, 102*(1), 72-90.

29. Yousif, S. R., Aboody, R., & Keil, F. C. (2019). The Illusion of consensus: a failure to distinguish between true and false consensus. *Psychological Science, 30*(8), 1195-1204.

30. Nickerson, R. S. (1998). Confirmation bias: A ubiquitous phenomenon in many guises. *Review of General Psychology, 2*(2), 175-220.

31. Perner, J., & Lang, B. (1999). Development of theory of mind and executive control. *Trends in Cognitive Sciences, 3*(9), 337-344.

32. Aïte, A., Berthoz, A., Vidal, J., Roëll, M., Zaoui, M., Houdé, O., & Borst, G. (2016). Taking a third-person perspective requires inhibitory control: Evidence from a developmental negative priming study. *Child Development, 87*(6), 1825-1840.

33. Powell, L. J., & Carey, S. (2017). Executive function depletion in children and its impact on theory of mind. *Cognition, 164*, 150-162.

34. Haddock, G., Maio, G. R., Arnold, K., & Huskinson, T. (2008). Should persuasion be affective or cognitive? The moderating effects of need for affect and need for cognition. *Personality and Social Psychology Bulletin, 34*, 769-778.

35. Rocklage, M. D., Rucker, D. D., & Nordgren, L. F. (2018). Persuasion, emotion, and language: The intent to persuade transforms language via emotionality. *Psychological Science, 29*, 749-760.

36. Atkinson, R. C., & Shiffrin, R. M. (1968). Human memory: A proposed system and its control processes. In K. W. Spence & J. T. Spence (Eds.), *The Psychology of Learning and Motivation*: Vol. 2. Advances in research and theory. New York, NY: Academic Press.

37. Craik, F. I., & Tulving, E. (1975). Depth of processing and the retention of words in episodic memory. *Journal of Experimental Psychology: General, 104*(3), 268-294.

38. Lockhart, R. S., & Craik, F. I. (1990). Levels of processing: A retrospective commentary on a framework for memory research. *Canadian Journal of Psychology/Revue Canadienne de Psychologie, 44*(1), 87-112.

39. Rogers, T. B., Kuiper, N. A., & Kirker, W. S. (1977). Self-reference and the encoding of personal information. *Journal of Personality and Social Psychology, 35*(9), 677-688.

40. Rawson, K. A., Dunlosky, J., & Thiede, K. W. (2000). The rereading effect: Metacomprehension accuracy improves across reading trials. *Memory & Cognition, 28*, 1004-1010.

41. Eco, U., Rorty, R., & Culler, J. (1992). *Interpretation and overinterpretation.* Cambridge University Press.

42. Hertzog, C., Dunlosky, J., Robinson, A. E., & Kidder, D. P. (2003). Encoding fluency is a cue used for judgments about learning. *Journal of Experimental Psychology: Learning, Memory, and Cognition, 29*(1), 22-34.

43. Rozenblit, L., & Keil, F. (2002). The misunderstood limits of folk science: An illusion of explanatory depth. *Cognitive Science, 26*(5), 521-562.

44. Hatch, J. A., Hill, C. A., & Hayes, J. R. (1993). When the messenger is the message: Readers' impressions of writers' personalities. *Written Communication, 10*(4), 569-598.

45. Weisberg, D. S., Keil, F. C., Goodstein, J., Rawson, E., & Gray, J. R. (2008). The seductive allure of neuroscience explanations. *Journal of Cognitive Neuroscience, 20*, 470-477.

46. Fernandez-Duque, D., Evans, J., Christian, C., & Hodges, S. D. (2015). Superfluous neuroscience information makes explanations of psychological phenomena more appealing. *Journal of Cognitive Neuroscience, 27*, 926-944.

47. Smallwood, J., & Schooler, J. W. (2006). The restless mind. *Psychological Bulletin, 132*(6), 946-958.

48. Jordano, M. L., & Touron, D. R. (2018). How often are thoughts metacognitive? Findings from research on self-regulated learning, think-aloud protocols, and mind-wandering. *Psychonomic Bulletin & Review, 25*, 1269-1286.

49. Grice, H. P. (1975). Logic and conversation. In P. Cole & J. Morgan (Eds.), *Syntax and Semantics: Speech Acts* (pp. 41-58). New York, NY: Academic Press.

50. Traxler, M. J., & Gernsbacher, M. A. (1992). Improving written communication through minimal feedback. *Language and Cognitive Processes, 7*(1), 1-22.

51. Swaney, J. H., Janik, C., Bond, S. J., & Hayes, J. R. (1991). Editing for comprehension: Improving the process through reading protocols. In E. R. Steinberg (Ed.), *Plain Language: Principles and Practice*. Detroit, MI: Wayne State University Press.

52. Smith, S. M., Glenberg, A., & Bjork, R. A. (1978). Environmental context and human memory. *Memory & Cognition, 6*(4), 342-353.

53. Moser, J. S., Dougherty, A., Mattson, W. I., Katz, B., Moran, T. P., Guevarra, D., ... & Kross, E. (2017). Third-person self-talk facilitates emotion regulation without engaging cognitive control: Converging evidence from ERP and fMRI. *Scientific Reports, 7*(1), 1-9.

54. Rosenblatt, L. M. (1994). The reader, the text, the poem: The transactional theory of the literary work. Carbondale and Edwarsville: Southern Illinois University Press.

第六章

名正：概念與定義

有一種省錢行為是，打電話時為了省電話費，總是故意在電話只響一聲後掛斷，等待對方回撥。

有一種美是殘缺、短暫、不完美的美。

有一種孤獨感是，在森林裡感受到只有自己、自己的回音和自己的影子與自然融為一體。

有一種幸運是偶然發現值得珍惜、有價值、有趣的人事物。

有一種連結是無形的、早已注定的，會造成人與人事物或任何現象不可避免的相遇。

以上這些概念都可以在某一種語言中，找到一個相對應的詞彙。有哪一個概念，你可以用一個中文詞彙來描述？

本書所提出的寫作三個支柱，包括：作者需要有足夠的認知資源可以分配、作者要能夠監測自己和讀者的心理歷程，以及作者需要具備寫作相關的知識和技能。以下兩章討論的是第三個支柱：寫作相關的思考和語言技能。此外，本書並提出減輕讀者的認知負荷，和將心比心地從讀者的角度思考，這兩個原則。在以下兩章討論中，我將以達到這兩個目標，作為提供寫作相關建議的準則。

　　就算我們對一篇文章的內容一知半解，這篇文章仍可能對我們產生影響。這種影響有時候是來自於我們對文章內容、甚至只是文字的熟悉感；也可能是來自於我們對文章或作者的整體印象，而非真正的理解。但是大部分時候，理解是文章能夠說服人和感動人的基礎，更是絕大多數作者的目標。讀者如果有選擇，通常不會持續閱讀看不懂的文章；已經投入的時間、金錢則可能引來被背叛的負面情緒。儘管如此，仍可能有例外，但那些例外不在本書的討論範圍。本書以下兩章的論述，建立在作者是在理解的基礎上影響讀者，而不只是讓讀者對文章的內容或文字，產生某種印象或情緒。

　　為了讓讀者可以依靠理性來閱讀和理解，無論是抒情文、說明文或論說文，文章內的字、句、段落和章節之間，都應該有一個合乎邏輯的關聯、架構和組織。讀者通常很難記住一篇無法理解的文章[1]。我們的文章可以天馬行空、充滿創意，但語意清楚和文章各部分間的關聯合理，仍是與讀者理性溝通的必要條件。實際上，科幻小說的作者可能更需要將邏輯關係交代清楚。主張只有某些學科才需要有清楚的邏輯思考，是嚴重的誤導。對於主要不是基於實證資料的領域或學科，像是文學、哲學和數學，理性的思辨和嚴謹的邏輯推演，反而是唯一的客觀說服工具。在日常生活中，理性除了通常可以讓我們產生較佳的判斷和選擇，理性也是社會互動所必需的。只有在假設大家都是理性的基礎上，我們才能知道如何與其他人互動。換言之，有效的溝通是基於我們認為大部分所遇到的人，是可以說理的秀才。有學者

進一步主張，理性具有演化上的功能，理性可以增加人與人之間的溝通效率和信賴程度，進而促進社會互動和合作[2]。

　　從理解的角度而言，有兩個原因會讓一篇文章艱澀難懂，甚至完全無法達到準確溝通的目的。首先是讀者無法了解或誤解文章內文字所傳達的概念。這可能是因為作者沒有考量讀者的背景知識，或作者自己沒有完全了解所要表達的概念。第二個原因是文中句子、命題或段落間的邏輯關聯不清楚或不正確。這兩個原因關係密切，都和作者能否清晰合理地思考和表達有關。思考清晰才能正確地以文字表達概念，也才能產生邏輯上合理連貫的句子和段落。本章討論的重點是與概念界定相關的議題，下一章的重點則是關於命題間的關聯。

文字與概念

　　我們的知識或長期記憶中，最基本的貯存單位是概念。一個概念同時還包括相關的知識和信念。例如，黑貓這個概念除了包括關於動物和顏色的知識，它也可能是不吉祥的象徵。澳洲這個詞所激發的概念不只是一個國家、一個洲、一個島[3]，它還包含所有我們對它的刻板印象。文字可以表達概念，但文字不等於概念。實際上，文字和概念之間的連結，通常是武斷、沒有道理的。「蘋果」這兩個字看起來與真實的蘋果這種水果不像，聽起來或讀起來也和真實的蘋果沒有關聯[4]。在另外一個語言裡，代表它的是另外一組符號。除此之外，文

字所被賦予的概念，是個體長時間學習和經驗累積的結果。因此，同樣的文字，在不同的脈絡下，以及對於來自不同文化、時空背景的讀者，會產生不一樣的概念[5]，而且不容易迅速和刻意地被改變。

　　舉例而言，想要藉由改變名稱而改變對某些人、事或物的概念或態度，不但最終是白費工夫[6]，甚至更常發生的情況是，新的名稱被既有的概念或態度所汙染。當為了避免歧視和偏見而將名稱甲改成名稱乙時，若是實際上的歧視態度並沒有改變，最後經常產生的狀況是，名稱乙也變成一個具有歧視性的名詞，於是接著又會有人提倡將名稱乙改成名稱丙。雖然文字不等於概念，而且概念也可以用圖畫或其他形式的媒介來表達，但文字是寫作時最重要、也經常是唯一的表達媒介。考慮人類長期記憶中概念的結構和儲存特性，可以幫助我們了解和預測文字對讀者的影響，最終增進寫作的溝通效率。

　　概念可以幫助我們做分類、推理、進行複雜的思考，以及彼此溝通[4]。學生若是學會了貓這個概念，表示他們了解貓是和狗不同種類的動物。他們也可以判斷，如果貓感染某種疾病，那麼狗也感染這種疾病的可能性，會比雞也感染的可能性還大。如果我告訴你，我在路上遇到黑貓，你可能會認為我要表達的是，我的運氣會不好。

　　心理學家將概念分成不同的類型，有些概念指的是人造的事物，像是家具、建築物；有些概念指的是天然的事物，例如動植物[7]。概念也可以分為具體和抽象的。與具體的概念比較，定義抽象的概念不但更加困難，抽象的概念更是經常會隨著知識、文化和時空背景而改

變，並且有很大的個別差異。定義什麼是「桌子」可能不難，但想一想你如何定義「遊戲」和「孝順」，以及這兩個概念如何隨著時空和文化背景而改變。此外，有些概念的形成是基於它可以達到某個目標或滿足某個特定的需求[8]。例如，逃難時要帶走的物品、令人快樂的事物、致富的方法等。這類概念中的範例，通常不是完整地儲存在我們的記憶中，而是由特定情境所激發。例如，對於具體的概念「水果」，我們記憶中會儲存蘋果、香蕉等水果的範例，但是對於致富的方法，我們只有在面對相關的問題時，才會想到有哪些範例。

▌概念的儲存與運作

關於概念如何習得和它以什麼樣的形式或表徵儲存在長期記憶中，認知心理學家們的看法並不一致。雖然新的想法和理論不斷地被提出，但是既有的理論仍各自可以解釋某些概念的運作或概念運作的某些層面[9]。

古典的理論認為，概念是由該概念所必須具備的屬性來定義。有些概念確實有具體且清楚的定義，像是三角形。這一類概念最容易溝通，因為它們具有清楚的定義屬性。定義屬性是某個概念所必須具備的特徵，例如，三角形必須具備三個邊或三個角。三個邊或三個角就是三角形的定義屬性，不具備這個屬性就不是三角形。有些概念雖然具體，但很難找到清楚的定義屬性。例如椅子。椅子不一定要有四隻

腳，但就算是「可以坐」這個屬性也只是椅子的特徵，而不是有共識的定義屬性；我們應該可以想像一張不能坐的椅子。後來的機率理論主張，概念的界定決定於特徵屬性的多寡，也就是取決於具備某些特徵屬性的機率。特徵屬性是某個概念通常會具備的屬性。例如，大多數椅子可以坐、有四隻腳，可以坐、四隻腳是椅子的特徵屬性。不具備這些特徵屬性，例如，三隻腳、不可以坐的椅子，就比較不符合椅子這個概念。

有研究顯示，概念的學習涉及對這兩類屬性的理解。研究者要求五歲和十歲的兒童，指出以下兩個人，哪一個是搶匪。第一位是一個帶著槍、滿身臭味的老人，在爸媽同意的情況下，拿走客廳的電視。第二位是一個打扮時尚且滿臉笑容的婦女，在沒有被允許的情況下，拿走電視而且沒有打算歸還。兒童要到十歲左右才會認為第二位婦人是搶匪[10]。在這個例子中，搶匪有清楚的定義屬性，但兒童在理解搶匪這個概念之前，會根據特徵屬性出現的多寡來做判斷。不只是兒童，在某些情況下，成人也會根據特徵屬性做判斷。例如，有人會以一個研究報告是否包含數字，來判斷它是否提供了科學證據。也就是將「數字」這個科學證據的特徵屬性，視為定義屬性。類似的例子像是將有無使用儀器，甚至儀器的價格，當成判定研究品質好壞或是否為科學的標準。

實際上，除了由特定領域專家界定的概念，像是法律上界定的搶匪，或生物學家界定的魚類，對於大部分日常生活中的概念，我們

通常不易有共識，或很難明確地列出它們的定義屬性。因此，有時候我們會以概念中的典型範例來儲存這個概念[11]。例如，有人聽到鳥類時，想到的是麻雀；聽到肉類時，想到的是豬肉。同一個概念中的不同範例會有不同的典型性[12]。相較於鸕鶿，麻雀是較典型的鳥類；相較於袋鼠肉，豬肉是較典型的肉類，因為麻雀具有大部分鳥類的特徵屬性，而豬肉具有大部分肉類的特徵屬性。換言之，某個範例與概念內的其他範例會有共同的屬性，而我們會根據共有屬性的多寡，來決定這個範例的典型性。

最典型的範例實際上可能並不存在，而是以抽象的原型儲存在我們的記憶中[13]。這個原型範例與最多概念內的範例有共同的屬性[14]。以家具這個概念為例，原型範例會與最多的家具範例，像是桌子、椅子和衣櫥等，有共同的屬性。以鳥類這個概念為例，原型範例會與最多不同的鳥類有共同的屬性。一個範例有多典型，會影響我們對該範例的處理速度，例如，實驗參與者在決定一個句子是否正確時，判斷包含蘋果這個詞的句子，會比判斷包含石榴的句子快[15]。

早期這些以屬性界定為基礎的理論，可以追溯至亞里斯多德和柏拉圖。較晚近發展的理論則主張日常生活中的概念運作，反映的是個體對外界事物的理解，這個理解會隨著經驗而改變。換言之，概念就像科學理論一樣，可以用來分類、解釋或預測觀察到的事物；而觀察到的事物也會改變原先的理論[16]。我們腦中的概念會影響我們如何分類、解釋或預測看到的範例，而我們所經驗到的範例也會影響我們的

概念。例如，我們擁有的鴨嘴獸概念，會決定我們如何分類、理解和預測眼前的生物，但我們的鴨嘴獸概念，也可能在實際觀察了鴨嘴獸之後改變或修正。

▋ 概念間的關聯

當我們聽到、看到或想到某個字詞時，我們大腦中被激發的概念不但是動態的，更非單一、獨立的。所有的概念都和其他概念有關聯，而且它們之間的連結並不是隨機的。有些概念以階層式的關係連結[17]，例如，我們知道生物包括動物和植物，而動物包含哺乳類和非哺乳類動物，哺乳類動物又包括貓和狗等。這種階層式關聯可以讓我們以較少的認知資源，來儲存相關的知識。它讓我們不用去記住貓的所有屬性，而只需要儲存貓的獨特屬性，貓的其他屬性可以由牠是哺乳類和動物類推論而得。根據這個階層式結構理論，下層的概念「貓」會具備所有上層概念「動物」和「哺乳動物」的屬性。有許多實驗的結果，符合這個理論的預測[18]。研究者在實驗中要求實驗參與者判斷句子的對錯，參與者花了多少時間做判斷，可以反映出該判斷所涉及認知歷程的複雜程度。實驗結果顯示，判斷知更鳥是鳥，會比判斷知更鳥是動物快。這是因為在相關階層式的結構中，知更鳥和鳥類是相鄰的層級，而知更鳥和動物之間則隔了一個層級。同樣的理由，判斷知更鳥會飛，會比判斷知更鳥有皮膚快。由此可知，當我們

看到、聽到或想到知更鳥這三個字的時候，我們腦中被激發的概念不只是知更鳥，其他相關的概念也會被激發，而激發的強弱決定於概念所屬層級的遠近。

　對於非人造、自然界中事物的概念，我們不但會以具有上下從屬關係的階層來儲存，我們也比較容易處理和儲存某一層次的概念。例如，通常你會以蘋果和大象，而不是水果和動物，或富士蘋果和亞洲象來指稱看到的物體，除非你是蘋果和大象的專家。有學者主張，在概念的階層結構中，存在一個基本層次。以基本層次來處理和儲存概念，可以最有效率地儲存概念內範例的共同特徵，並與其他概念做區別[19]。例如，榴槤這個屬於基本層次的詞彙，可以用來與其他的水果做區分，像是香蕉。對讀者而言，這是一個關鍵、有用的區別。但如果使用的是指稱下層概念的詞彙，則不是很有效益。例如，對大部分的非榴槤專家和非特殊的情況而言，用來和其他榴槤區分的金枕頭榴槤這個詞，使用了較多的字，卻沒有提供太多額外有用的訊息。換言之，多出的字只區分了金枕頭榴槤和其他種類榴槤之間微小、非關鍵，甚至無關緊要的差異。基本層次的詞彙不但最常出現，也是兒童最早接觸和學習的詞彙。這類詞彙以最少的訊息達到最大的區別性，因此是最有效率的溝通層次。

　雖然階層式的結構可以用來顯示某些概念之間的關聯，但是大部分概念之間並沒有清楚的階層關聯。目前多數認知心理學家會以語意擴散激發這個理論[20]，來理解和討論概念之間的關係。想像我們知道

的所有概念像書一樣，一本本地存在大腦這個書庫中，有些概念之間的距離比較近，有些比較遠。例如，當看到貓這個詞的時候，我們比較可能想到狗或動物，而不會想到襯衫和衣櫥。研究者可以直接詢問實驗參與者，某個詞會讓他們聯想到其他什麼詞。譬如，護士這個詞會讓他們想到什麼。但目前在大部分的研究中，心理學家是透過間接的測量來顯示，在看到護士這個詞之後，實驗參與者會不自主地想到什麼概念。例如，實驗中要求參與者對醫生這個詞做反應，像是儘速地唸出醫生這個詞，或是判斷它是不是一個正確的詞。在實驗中，醫生這個目標詞出現之前，會先出現另外一個詞。結果顯示，相對於看到椅子這個詞，在看到護士這個詞之後，參與者對醫生這個詞的反應會比較快[21]。這是因為，在大腦這個書庫中，醫生和護士這兩個概念放得比較近，而椅子則放得比較遠，我們需要花較長的時間才能取得。由此可見，護士這個詞可能會讓我們有意識地想到醫生這個概念，但是大部分時候，我們不會意識到醫生這個概念被激發。語意相近的概念會彼此激發，而且這種激發的產生，可以是自動、快速且不費心力、不自主的。

▋概念與知識

學習和經驗不但會決定某個字詞所激發的概念，也會影響我們的知識網絡中，不同概念之間的距離。概念間的距離較近，可能是因為

它們具有較多的共同屬性，或者是因為它們經常同時出現[22]。譬如，「大海」可以快速激發「小溪」，是因為這兩個概念間有許多共同的特徵屬性；而如果「大海」可以激發「針」，是因為這兩個詞彙會在成語中一起出現。醫生和護士這兩個概念則不但具有很多共同的特徵屬性，它們也經常同時出現。當我們看到、聽到或想到某一個字詞時，在包含所有概念的知識網絡中，相對應的目標概念以及和它相鄰的概念都會被激發，而這些相鄰概念的激發程度，決定於它們與目標概念之間的距離。一個人的學習經驗和文化背景則會影響概念間的距離和結構，例如，有些人看到蘋果這個詞會想到電腦，有些人會想到亞當或香蕉。

　　我們腦中所有的概念以及它們之間的關聯和組織，構成了我們目前擁有的知識。研究者將我們對特定情境或事件的所有知識稱為基模[23]。基模是一組具系統性關聯的概念，顯示我們對情境或事件的理解。例如，「考試」這個基模包括了考生、試卷、考場等概念，以及這些概念之間的關聯。對於例行的事件，我們的基模是以腳本或劇本的形式儲存訊息[24]。此外，腳本或劇本儲存相關概念及概念間的靜態或動態關聯。動態關聯指的是狀態如何隨著時間而改變。例如，「到餐廳吃飯」這個腳本，除了包含顧客、廚師、服務人員、菜單、金錢和食物飲料等概念，同時也包括這些概念之間的關聯，以及到餐廳之前和之後狀態的改變。基模中的概念之間，不但會有階層式的結構或類別從屬的關聯；更重要的是，它們之間也經常具備前後時空或因果

上的連結，因此基模不但會影響我們如何儲存訊息，也會影響我們推論概念之間的關係。

面對資源有限的大腦，人類的認知系統會以最有效益、最能夠適應環境的方式，處理和儲存訊息[25]。換言之，有限的認知資源會優先被分配到處理和儲存重要的訊息，而忽略不重要的訊息，就算有時候需要因而付出代價。在讀了某個字詞之後，相對應的概念會被激發，經過一段時間後，我們通常記得的是概念而不是文字本身。我們可能不記得看到的是「危險」或「緊張」，但我們仍會記得所被激發的概念[26]，因為它可能指引我們接下來的行為。這個被激發的概念，有時候甚至會讓我們誤以為看過某個不曾出現過的詞[27]。有實驗顯示，當參與者在讀過像是床鋪、休息、清醒、疲倦、做夢、毛毯、打鼾這些詞之後，很容易誤以為看過睡眠這個詞[28]。這是因為對大多數的實驗參與者而言，讀過的每一個詞都會激發睡眠這個概念。

除了這個文字間語意關聯的例子，基模也會決定被激發的概念為何。例如，如果研究者告訴你，在剛才閱讀過的故事中，主角是瑪麗波特，那麼你可能會記得，也可能不記得「她又聾又啞又瞎」這個句子是否有在故事中出現過。但是如果你被告知，故事的主角是海倫凱勒，這時你認為這個句子有出現過的機會，就會大大地提高[29]，就算實際上故事中並沒有出現這個句子。以閱讀文章為例，雖然讀者看到的是我們書寫的文字，但是讀者在理解文章時的心理表徵或隨後記得的，通常不是文字本身，而是相對應的概念以及這些概念所引發的各

種認知和情緒經驗，因為這些才是人際溝通中的重要訊息。被引發的概念、態度、信念或情緒，甚至可能反過來影響讀者對文章文字或內容的記憶。

語言與文化會影響概念和文字的關係。有時文字可以表達，那些在另一個文化不存在，或對於其他文化而言，陌生或複雜的概念。例如，本章開頭所列出的行為、感覺和現象，可以依序分別用捷克語、日語、德語、英語[30]和華語中的一個詞彙來描述。有中英字典將「緣分」翻譯成「命運」，你可能不會認為這個翻譯完全恰當。有些人會創造新的詞彙來描述外來的概念，這時如果沒有考慮該詞彙是否已經被普遍使用，以及讀者的背景，就會造成溝通的障礙。除此之外，就算在同樣的語言文化內，文字所激發的概念仍是讀者所有學習和經驗的結果，與讀者的知識和生活背景息息相關。許多失敗的溝通，就是因為作者沒有注意到這些文字和概念的差異。在使用相同語言的情況下，作者所使用的詞彙依然可能對讀者而言，沒有相對應的概念，專業學科或領域中的術語是最明顯的例子，例如，量子優勢、本體論、注意力暫失[31]。更糟的情況是，如果作者沒有考慮讀者的知識背景而加以解釋，讀者就可能望文生義，而產生誤會。例如，有人想當然耳地認為，「知識的詛咒」[32]指的是被有知識的人詛咒。

就算有相對應的概念，讀者的理解可能不等於作者的理解。例如，國內外心理學家最常指出，一般人普遍擁有的大腦迷思或錯誤觀念是，我們只用了百分之十的大腦[33]。專家們認為一般人不理解所有

的心理運作都涉及整個腦，用了百分之十的腦是錯誤的腦神經知識。但實際上，對於非專家而言，大腦這個詞指的是抽象的認知功能和潛力，而非腦神經科學家所指的實體腦。難怪有專家會百思不解為何大力推廣，甚至提供了腦傷、腦結構、腦新陳代謝，以及神經細胞結構分析等各種證據[34]，仍然無法糾正這個迷思。這類沒有考慮讀者背景知識的溝通，是一個雞同鴨講的典型例子。更重要的是，這些迷思或錯誤觀念並非單一、獨立的知識或概念，而經常是源自於一個包含各種概念與概念間結構關聯的複雜知識系統。換言之，這些「錯誤」的觀念是常民、直覺、內隱知識或理論的一部分，是一種基模，一樣可以用來解釋或預測很多現象。例如，有人無法理解，人類正常的生理運作仰賴血液的酸鹼值維持在一個穩定的範圍，為何有人會認為有酸鹼體質的差異。這兩種不同的酸鹼概念，反映出兩群人之間知識、文化背景、甚至信念的差異，他們各有自成一格的知識系統 。因此，要修正所謂的科學或心理學迷思，可能比想像中的困難。

▌寫作中的概念界定

寫作時明確的概念界定，是理性溝通的前提。我們可以從作者自己的概念是否清楚，以及能否顧及讀者的角度，來討論這個問題。

有一些寫作的問題，看似語言使用的問題，但實際上是來自於作者對於概念的陳述沒有效率，或對概念理解不正確或不精準。

　　第一種情況是作者不了解或忽略目標概念的屬性或類別。像是這個句子：「前瞻性記憶是持續記得在未來某個時間點要完成特定動作」。前瞻記憶指的是一種能力或一項認知歷程，而不是一種「持續記得」。比較正確的說法是：「前瞻記憶可以讓我們持續記得在未來某個時間點要完成特定動作」或「前瞻記憶是持續記得在未來某個時間點要完成特定動作的能力或認知歷程」。在這個例子中，改寫之後的句子變得比較長，會因此增加讀者閱讀時的工作記憶負擔。實際上，除了不完全了解目標概念，作者也可能是因為想要表達的訊息量已經超過自己的工作記憶負擔，才會寫出這一類的句子。最好的改進方法是，以數個不同的句子分別描述前瞻記憶的各種特徵屬性，如此可以同時減輕作者和讀者的認知負荷。

　　對某些學科的研究者而言，大部分的參考文獻是以外語發表。有時候對原文一知半解或不恰當的直接翻譯，是作者對概念的說明不清楚或不正確的原因。例如以下的句子：「網路連結理論並不會促發所有與情緒有關的認知活動，而是選擇性地對特定情境產生促發的現象」。在這個例子中，網路連結理論是一種理論，它當然不會促發任何活動，它也不是一種現象。合理的說法應該是：「網路連結理論主張，不是所有與情緒有關的認知活動都會被促發，而是有選擇性的」。不當的逐字翻譯則會產生英文語法的中文句子，而導致語意不明或閱讀不流暢。語意不明的例子，像是「每一個情緒沒有單一的情感狀態，所以應該以情緒家族來描述情緒比較適當」。作者應該在了

解句子所要表達的概念之後，重新思考如何以中文表達。像是「所有情緒都不只具有單一的情感狀態」。導致閱讀不流暢的例子，像是以英文句型「是否他的情緒很糟糕？」表達「他的情緒是否很糟糕？」

第二個情況是，作者不了解與目標概念相關的其他基本概念。例如，作者也許不需要知道定值與變數這兩個專有名詞，但需要能夠區分兩者的不同，才能避免以下的錯誤：「主要針對情緒影響記憶變差的現象」。若是「情緒影響記憶」這個句子，記憶是一個變數，也就是情緒可以讓記憶變好或變差。而在「情緒讓記憶變差」這個句子中，記憶差是一個定值。作者未區分兩者，以至於產生需要費時理解的句子。同樣問題產生在以下例子中：「前瞻性記憶是指記得在未來完成某個活動」。比較精準的說法應該是：「前瞻性記憶的好壞決定個體是否能記得在未來完成某個活動」，或者「具備前瞻性記憶可以讓個體記得在未來完成某個活動」。前者的說法列出變數的兩種可能，後者則指出變數中的一個定值。另外一個更明顯的例子：「性別不是判斷智慧的標準，無知才是」。性別是一個變數，也的確不是判斷智慧高低的標準。但無知指的是沒有知識，因此是一個定值，不是一個判斷的標準。「是否無知」或「知識多寡」是變數，才是判斷智慧高低的標準。因此，比較精準的說法是，「性別不是判斷智慧的標準，是否無知才是」，或「知識多寡才是」。類似的表達方式，「年齡不是問題，心態才是關鍵」，就是一個說法精準的例子。

第三種情況是無效或不經濟的溝通。雖然文字可以用來說明和解

釋概念，但文字不應該是概念的重述，因為重述並沒有提供任何額外有助於理解的訊息。例如：「當個體很容易知覺到並且知道自己在某些行為上付出了多少心力時」，除非作者認為在此處知覺到和知道有不同，而且有進一步說明如何區分，否則就是不必要的重述。另一個例子，「參與者會對高頻字記得比較好，是因為這些字出現的次數比較多；相反地，低頻字記得比較差，是因為它們出現的次數比較少」。無論作者要表達什麼，這段話並沒有提供讀者什麼額外有用的訊息。「保持身材的最佳祕訣，就是不要發胖」和「保持美麗的最佳方法就是不要變醜」，也有異曲同工之妙。有些情況下的重述，可以用來強調某些概念，而且讓文字有變化，但它應該要和降低讀者認知負擔之間取得平衡。在很多時候，重述不但沒有提供讀者任何額外有用的訊息，反而會因為要理解這些文字，讀者需要付出較多的認知資源。

　　除此之外，冗詞和贅字也有類似的問題，甚至會有反效果。額外的文字和解說如果不能讓概念更加清楚，輕者無端增加認知負荷，重者造成誤解、語意混淆不清而得不償失。舉例而言，「自閉症主要特徵為語言及非語言的溝通障礙」這句話若和「自閉症主要特徵為溝通障礙」沒有差異，作者應該選擇後者。若是有差異，作者應該以其他方式更清楚準確地表達「語言」在句子中的角色。通常讀者必須付出更多心力去理解包含重複該概念的句子。這是因為在文字是要傳達訊息的預期下，讀者需要花費額外的心思和時間，以確定多餘的文字

只是重述，而沒有傳達額外的訊息。例如，對於「人類過往發展的歷史」、「目前由過去的研究已知」、「在脈絡化的情境中」這類句子，我們可能需要再三確認，其中重複的字義是否要表達某種特定的概念，而徒增閱讀的負擔。

　　有些表達方式雖然目前在書寫的文字中並不常見，但可以說明，多餘的字句除了會以增加讀者的認知負擔為代價，更可能反而造成語意不清或誤解。例如，以「做詢問的動作」、「做一個擁抱的動作」和「做一個教學的動作」，來表達詢問、擁抱和教學。實際上「教學的動作」和「教學」並不相同，如果教師有出現在課堂上說話，而學生坐在教室內只是等手機充電，那麼他們的確名符其實地共同完成了教學的必要動作，但只是動作，而沒有實質的教學。做一個投球的動作，通常指的就是沒有真的投球，只是假動作。另一個例子是在文字前加入「所謂的」，像是，「完成所謂的研究」、「看到所謂的袋狼」、「經歷所謂的旅遊」。實際上，這些文字所傳達的反而可能是假的研究、不是真的袋狼、沒有真的旅遊。

　　以上的例子，有的也許不影響讀者最終的理解，而被視為是無傷大雅的語病；有的會造成閱讀不流暢、浪費讀者的心力和時間；有的則可能造成讀者無法理解或誤解。但無論是哪一種情況，它們都反映出作者對自己所要表達概念的理解，不講究、不深入、不精準，甚至不正確，也都會降低溝通的效率。

▌讀者的理解

　　作者自己的概念清楚，是成功表達的必要條件。但除了以作者的角度，精確且合理地表達概念，另一個促進讀者對文字理解的要件是，作者能夠了解、預測和模擬讀者的理解。一篇文章是一連串直線排列文字的組合，但各個概念間的關係是階層及網狀的連結。因此，在達到自動化、成為寫作高手之前，我們需要花時間和心力選擇和安排文字，使得它可以在讀者心中，激發我們要表達的概念和結構關係；可以降低讀者的認知負荷；可以幫助讀者以他們的語言、知識、經驗、價值、信念和文化背景來理解我們的文章。

　　有幾個方向的考量可以幫助我們達到這些目標。

　　首先，作者若不花時間和心力，則花費時間和心力的就是讀者，但讀者並不一定願意做這個投資。為了確定讀者可以正確地解讀文義，作者應該用心推敲文字的安排，而不只是將相關的概念拼湊成一個句子。例如，「語音識別在閱讀英文句子時，一直是個很常受到關心的議題，有許多學者對此進行探討」。在這個句子中，閱讀英文句子的是一般讀者，作者應該不會認為一般讀者會關心語音辨識這個議題。比較能夠表達作者意思的說法應該是：「閱讀英文句子時的語音辨識歷程，一直是個……」。

　　其次，寫作時考慮讀者的知識結構，可以促進讀者的理解和記憶。對於具有清楚定義屬性的概念而言，例如三角形，以文字表達概

念相對容易。這時文字和概念通常是一對一的關係，因此作者和讀者容易有共同的概念。　對於其他沒有清楚定義屬性的概念，例如錯覺這個概念，大部分時候作者所列出的定義，實際上包含的是特徵屬性，像是，「錯覺是個體所知覺到的，和實際的物體不同」。對目標概念特徵屬性的描述，應取決於有那些特徵屬性，可以幫助讀者了解目標概念。通常列出數量愈多的特徵屬性，愈可以幫助讀者了解目標概念。例如，「錯覺是大部分人共有的、錯覺是自己沒有辦法控制或改變的」。但列出有用的特徵屬性可能更重要。讀者在看到錯覺這個詞之後，其他相關的概念也會被激發；也就是讀者會有意識或不自覺地聯想到其他類似的概念，像是幻覺、頭暈、誤會、眼花等。這時候作者若強調兩個概念之間，在特徵屬性上的異同，就可以比較有效率地與讀者溝通錯覺這個概念，而避免混淆、錯誤的理解或假記憶。我們可以列出兩個概念間的相同和相關之處。例如，「錯覺和幻覺都是指對外在物體的知覺」。我們也可列出可以區別錯覺和幻覺這兩個概念的特徵屬性，像是「物體是否真的存在現實中」以及「是否是一種病理特徵」，而藉此澄清相似概念之間的關鍵或細微差異。

　　列舉典型的例子，也可以幫助我們說明目標概念。有些讀者可能需要藉由具體的範例來理解概念。我們可以蘋果為例來說明水果，以袋鼠為例來說明有袋類動物。我們也可以聽到不存在的聲音來說明幻覺；而以將同樣長度的線段判斷為一長一短作為錯覺的例子。無論用什麼方式來界定概念，我們都需要了解讀者的背景知識，才能準確地

預測，讀者在讀到某個詞彙之後，會自動聯想到那些相關的概念。例如，對於深度學習這個詞，作者應該留意讀者是否會誤以為和認真學習、仔細閱讀有關，雖然深度學習的演算法指的是人工智慧中類神經網路的結構有多個層次。了解讀者的背景知識，也才能有效地藉由範例來說明概念，而不會讓讀者認為範例等同於概念。例如，只以數學運算為例來說明工作記憶，可能會讓某些讀者誤以為只有在執行數學運算時才需要工作記憶。

了解讀者的知識結構，可以幫助我們採用較有效率的概念組織方式。例如，我們可能不容易記住這個句子：「長壽的十六種方法，包括：唱歌、跑步、吃薑黃、減少攝取卡路里、吃綠色蔬菜、擁抱、吃菠菜、睡眠、快樂、少糖、平和的心情、喝茶、不要久坐、吃香蕉、少看電視、跳舞等」。如果要用最少的文字列出所有長壽的方法，那麼所列出的概念就不應該重複。此外，以同樣的層次分類，尤其是以容易儲存和處理的基本層次分類，並依照某種邏輯或關聯來排列順序，可以增加讀者的理解和記憶。例如，列出適用於大多數人的基本層次概念，並以動詞來分類：「長壽的方法，包括：吃菠菜、香蕉和薑黃；喝茶；維持良好的心情和人際關係；確保足夠的睡眠和運動」。

再者，在減輕讀者認知負荷和有效溝通的原則下，作者應該要以最精簡的文字，傳達對讀者而言新而有用的訊息。換言之，我們應該以類似上述概念結構中的基本層次來溝通。此時概念描述的基本層

次，決定於文章的主旨和篇幅，以及讀者的背景等多種因素。以一篇文章的題目為例，若是作為一篇實證研究的論文題目，「數位學習的效果」這個題目層次太高、包括的範圍太廣，對於實際的研究內容為何，並沒有提供太多有用的訊息。「澳洲某大學心理系一年級學生上統計課時，使用筆記型電腦對期末考試成績的影響」這個題目多用了數倍的文字，卻沒有成比例地額外提供與研究主題相關的重要訊息。換言之，這樣的題目包括許多會增加讀者閱讀負擔，卻不必要的訊息。最近一個跨五十一種語言的研究顯示，人類語言中，文字順序的演化，也是遵循降低複雜度和增加訊息清晰度這兩個原則。也就是說，語言中句子語法的演化，是為了達到最有效率的溝通[35]。

除了文字的數量，超越讀者認知資源所能負荷的概念運作，也會阻礙閱讀和理解。例如，很早就有研究顯示，理解否定句比理解肯定句費心力[36]。你需要花多少時間理解以下的句子？「你是否不贊成政治人物反對澳洲不延長非移民簽證」、「他沒有說過這件事並非完全不是事實」、「你是否不贊成廢除停止放棄不運轉的決定」。

最後，重複檢查自己的文章和取得他人的回饋，有助於發現新的觀點和角度，進而增加偵測到文章中語意不清的機會。寫作時我們經常會沒有察覺到，自己的文字可以有不同的解讀，而造成誤解或降低讀者的閱讀效率。以下兩個例子的作者，應該沒有預料到讀者對句子可能有其他的解釋。「如果有人傷害軍隊的士氣，作為領導者，我一定會強力捍衛他們」，這個例子雖然有兩種解釋，但是語意脈絡可以

讓讀者推測其中一種解釋比較可能。但是在「塞斯的兩歲兒子用手機撞斷了他的鼻子」中，讀者就很難判斷是誰的鼻子被撞斷。

　　除了基於理性和邏輯，很多概念的表達方式或語言的使用是約定俗成的、只有共識、沒有道理。這時候了解讀者的經驗和知識就更重要。舉例而言，「大人：這家餐廳不能說很貴。小孩：為什麼不能說」。這個小孩顯然認為不能說就是禁止的意思，而大人則完全沒有想到，這個詞彙可以有這種解釋。其他類似的例子：「大人：不要吵，看窗外的風景。小孩：風景在哪裡？」對這個小孩而言，風景就像小貓、小狗一樣，是一個可以具體看見的物體。「大人：不吃這個，難道你要吃仙桃嗎？（大人拿了衛生紙給哭到臉花的小孩。）小孩：這不是仙桃。」

　　作者也可能沒有注意到自己寫出誤導或有多重意義的歧義句[37]。尤其是同樣的表達方式，可能在某一個情況下清楚。例如，「買房子送歐盟簽證」；在改變一個詞彙之後，就變得語意不清。例如，「買房子送小孩」。歧義句會誤導文字的意義或使其意義不明，而打斷閱讀的連貫或流暢性。誤導的例子像是「氣象預報員正在說明天氣概況」。以下則是語意不明的例子：「認知心理學會不會有前途」可以是一個問句，也可以是一個肯定句。「政府網站的病毒，四天才移除」可以是指花了九十六個小時，也可以是指請了四位高手移除。「臺灣的花生長在南部」也有兩種解讀方式：花生或花朵。就算在各種解讀方式中，包括了不合理或不太可能的解讀，像是「買學區套房

送小孩」，讀者仍需要費心力排除「把小孩送給其他人」的解讀，而了解句子的意思是「買套房送給小孩」。

雖然還沒有研究顯示文章的可讀性和它的影響力有關，但已經有研究指出，清楚簡潔的題目比較容易被大眾媒體注意到[38]。有幾個作者很容易做到的事項，可以避免讀者閱讀的困難。首先，避免使用術語和簡寫。術語只有在必要時才使用；簡寫則要考慮其在文章中出現的次數，如果出現的次數很少，就沒有必要讓讀者付出心力去記憶那些簡寫所指為何。當讀者沒有完全了解或無法記住這些用語時，這些詞彙就不會激發任何概念，或所激發的概念不是作者想要表達的。例如，澳洲人普遍所指的CBD[39]，對外國人而言是不知所云，或誤以為它是指某一個城鎮。其次，一般而言，名詞和動詞是讀者比較容易具體經驗的文字。有研究顯示，相對於抽象的文字，像是傷心，對於具體、容易形成心像的文字，像是眼淚，實驗參與者會記得比較好[40]。另外，以名詞化的殭屍動詞代替動詞，像是以「做了一個救援這樣的動作」這類句子，來描述救援或某個行動，不但違反簡潔的原則，更重要的是，它可能減弱了目標動作的意象，進而降低引發讀者身歷其境的可能。

概念反映出我們對人事物的理解，也幫助我們分類人事物。但我們同時需要付出以偏概全的代價。例如，鳥的概念包括鳥會飛，但顯然不是所有的鳥都會飛；對人事物分類而形成的刻板印象，經常會因為例外而對人際互動產生負面影響。使用簡單的文字表達時，若不精

準，經常會導致過度概化。換言之，為了達到簡潔的目的，我們會使用較為概化、不特定的文字。例如，將「低劑量的咖啡因可以促進頂尖男性足球員的體能表現」概化成「喝咖啡可以讓體能變好」。將「運動可以暫時減輕輕度憂鬱症老年患者的憂鬱症狀」簡化成「運動可以治療憂鬱症」。在很多種情況下，概化的文字可以用來表達通則、真理，可以用來宣導理念，可以讓作者顯得權威、有自信，更可以讓讀者認為訊息重要[41]。但概化除了會造成刻板印象、一竿子打翻一船人的負面效果，在科學研究中，概化的陳述可能造成訊息誤導，甚至錯誤。以心理學為例，所有的研究都是在特定的情境、樣本和材料下完成；但是大部分的研究報告會以概化的文字來描述結果[41]。這類標題或結論通常簡化現象、過度推論；問題輕者沒有傳達完整的訊息，重者則散播錯誤的知識。大眾媒體中的例子更是屢見不鮮，像是「學習的方式決定了學業成就」、「了解大腦才能教育小孩」、「三歲決定一輩子」等。有學者建議應該要求研究者在研究報告中，必須同時指出結論的適用範圍或限制[42]。

　　就算是一般的論說文章，也許我們同樣應該隨時審視，我們的文字是否精確地表達我們所要傳達的概念，並相對應地選擇較適當、保守的語言，像是「通常」、「大部分情況下」、「也許」之類的表達方式。至少我們應該在做出絕對性的結論，像是提出真理、說出箴言時，提醒自己雖然它們會讓讀者有簡單、普遍的原則可以遵守，但真實的世界恐怕不是非黑即白。可以百分之百確定的是，我們所知道的

有限、我們的推論經常有偏差。寫作中的邏輯思考是下一章要討論的
主題。

▌註文

1. Bransford, J. D., & Johnson, M. K. (1972). Contextual prerequisites for understanding: Some investigations of comprehension and recall. *Journal of Verbal Learning and Verbal Behavior, 11*(6), 717-726.

2. Mercier, H., & Sperber, D. (2011). Why do humans reason? Arguments for an argumentative theory. *Behavioral and Brain Sciences, 34*(2), 57-74.

3. 雖然根據《大英百科全書》，澳洲不算是一個島。

4. Love, B. C. (2003). Concept learning. In L. Nadel (Ed.), *Encyclopedia of Cognitive Science* (Vol. 1, pp. 646-652). London, UK: Nature Publishing Group.

5. Quine, W. V. O. (1960). *Word and Object*. Cambridge, MA: MIT Press

6. Pinker, S. (1994). The game of the name. *New York Times*.

7. Keil, F. C. (1986). The acquisition of natural kind and artifact terms. In W. Demopoulos & A. Marras (Eds.), *Language Learning and Concept Acquisition* (pp. 133-153). Norwood, NJ: Ablex.

8. Barsalou, L. W. (1983). Ad hoc categories. *Memory & Cognition, 11*(3), 211-227.

9. Medin, D. L. (1989). Concepts and conceptual structure. *American Psychologist, 44*(12), 1469-1481.

10. Keil, F. C., & Batterman, N. (1984). A characteristic-to-defining shift in the development of word meaning. *Journal of Verbal Learning and Verbal Behavior, 23*(2), 221-236.

11. Medin, D. L., & Schaffer, M. M. (1978). Context theory of classification learning. *Psychological Review, 85*(3), 207-238.

12. Rosch, E. (1975). Cognitive representations of semantic categories. *Journal of Experimental Psychology: General, 104*(3), 192.

13. Smith, J. D., & Minda, J. P. (2002). Distinguishing prototype-based and exemplar-

based processes in dot-pattern category learning. *Journal of Experimental Psychology: Learning, Memory, and Cognition, 28*(4), 800-811.

14. Rosch, E., & Mervis, C. B. (1975). Family resemblances: Studies in the internal structure of categories. *Cognitive Psychology, 7*(4), 573-605.

15. Smith, E. E., Shoben, E. J., and Rips, L. J. (1974). Structure and process in semantic memory: A featural model for semantic decisions. *Psychological Review 81* (3), 214-241.

16. Markman, A. B., & Ross, B. H. (2003). Category use and category learning. *Psychological Bulletin, 129*(4), 592-613.

17. Collins, A. M., & Quillian, M. R. (1972). Experiments on semantic memory and language comprehension. In L. W. Gregg, *Cognition in Learning and Memory*. Oxford, England: John Wiley & Sons.

18. Collins, A. M., & Quillian, M. R. (1969). Retrieval time from semantic memory. *Journal of Verbal Learning and Verbal Behavior, 8*(2), 240-247.

19. Rosch, E., Mervis, C. B., Gray, W. D., Johnson, D. M., & Boyes-Braem, P. (1976). Basic objects in natural categories. *Cognitive Psychology, 8*(3), 382-439.

20. Collins, A. M., & Loftus, E. F. (1975). A spreading-activation theory of semantic processing. *Psychological Review, 82*(6), 407-428.

21. Meyer, D. E., & Schvaneveldt, R. W. (1971). Facilitation in recognizing pairs of words: evidence of a dependence between retrieval operations. *Journal of Experimental Psychology, 90*(2), 227.

22. Chiarello, C., Burgess, C., Richards, L., & Pollock, A. (1990). Semantic and associative priming in the cerebral hemispheres: Some words do, some words don't... sometimes, some places. *Brain and Language, 38*(1), 75-104.

23. Rumelhart, D. E. (2017). Schemata: The building blocks of cognition. *In Theoretical Issues in Reading Comprehension* (pp. 33-58). Routledge.

24. Schank, R. C., & Abelson, R. P. (2013). Scripts, plans, goals, and understanding: An inquiry into human knowledge structures. *Psychology Press*.

25. Lieder, F., & Griffiths, T. L. (2019). Resource-rational analysis: understanding human

cognition as the optimal use of limited computational resources. *Behavioral and Brain Sciences*, 1-85.

26. Lockhart, R. S., & Craik, F. I. (1990). Levels of processing: A retrospective commentary on a framework for memory research. *Canadian Journal of Psychology/Revue Canadienne de Psychologie, 44*(1), 87-112.

27. Roediger III, H. L., Balota, D. A., & Watson, J. M. (2001). Spreading activation and arousal of false memories. *The nature of remembering: Essays in honor of Robert G. Crowder* (pp.95-115). American Psychological Association.

28. Underwood, B. J. (1965). False recognition produced by implicit verbal responses. *Journal of Experimental Psychology, 70*(1), 122-129.

29. Dooling, D. J., & Christiaansen, R. E. (1977). Levels of encoding and retention of prose. In *Psychology of Learning and Motivation* (Vol. 11, pp. 1-39). Academic Press.

30. Prozvonit，捷克語；Waldeinsamkeit，德語；Wabi-Sabi，日語；Serendipity，英語。

31. 量子優勢、本體論、注意力暫失，各是來自英文的 Quantum supremacy、Ontology、Attentional blink。

32. 「知識的詛咒」這個概念和說法是來自一篇經濟學論文：Camerer, C., Loewenstein, G., & Weber, M. (1989). The curse of knowledge in economic settings: An experimental analysis. *Journal of Political Economy, 97*, 1232-1254.

33. Hughes, S., Lyddy, F., & Lambe, S. (2013). Misconceptions about psychological science: A review. *Psychology Learning & Teaching, 12*, 20-31.

34. Beyerstein, B. L. (1999). Whence cometh the myth that we only use 10% of our brains? In Della Salla, Sergio (Ed.), *Mind Myths: Exploring Popular Assumptions About the Mind and Brain* (Chapter 1). John Wiley & Sons.

35. Hahn, M., Jurafsky, D., & Futrell, R. (2020). Universals of word order reflect optimization of grammars for efficient communication. *Proceedings of the National Academy of Sciences of the United States of America, 117*(5), 2347.

36. Wason, P. C. (1965). The contexts of plausible denial. *Journal of Verbal Learning and Verbal Behavior, 4*(1), 7-11.

37. Ferreira, F., & Henderson, J. M. (1991). Recovery from misanalyses of garden-path sentences. *Journal of Memory and Language, 25*, 725-745.

38. Di Girolamo, N., & Reynders, R. M. (2017). Health care articles with simple and declarative titles were more likely to be in the Altmetric Top 100. *Journal of Clinical Epidemiology, 85*, 32-36.

39. CBD是「central business district」中心商業區的縮寫。

40. Paivio, A. (1991). Dual coding theory: Retrospect and current status. *Canadian Journal of Psychology/Revue Canadienne De Psychologie, 45*(3), 255-287.

41. DeJesus, J. M., Callanan, M. A., Solis, G., & Gelman, S. A. (2019). Generic language in scientific communication. *Proceedings of the National Academy of Sciences, 116*(37), 18370-18377.

42. Simons, D. J., Shoda, Y., & Lindsay, D. S. (2017). Constraints on generality (COG): A proposed addition to all empirical papers. *Perspectives on Psychological Science, 12*(6), 1123-1128.

第七章

言順：思考與推理

在掌握了寫作所使用的語言之後，寫作的過程實際上就是思維的過程。寫作瓶頸的根源是思考的瓶頸；寫作的問題常常是來自思想內容貧瘠、思維不夠嚴謹，或思考不合邏輯。但也有人說，在我看到我寫的文字之前，我怎麼知道我在想什麼[1]。寫作可以迫使思考具體精準，也可以創造新的思考。無論是認為思考清楚才能夠寫出好的文章，或者主張利用寫作來訓練思考，都顯示思考和寫作密不可分，甚至是一體的兩面。

語病是用字遣詞有問題的通稱。有語病的句子經常不合邏輯，不論產生的原因為何。語病可能是來自於作者不經意地使用不恰當的文字，也可能是因為作者的邏輯思考不嚴謹。不論是哪一種情況，語病都可能造成讀者理解困難或誤解。以下例子不只是語病，反映出作者對文字的使用不講究，它們也顯示作者的思考不嚴謹。「一輛列車撞到山崩而出軌」應該是「一輛列車撞到山而出軌」，或「一輛列車遇到山崩而出軌」。「國內現在有一百六十多所大學，但人口只有臺灣四分之三的荷蘭，卻僅有十三所大學」，這段文字所要傳達的訊息不明。「荷蘭的人口高達臺灣的四分之三，卻僅有十三所大學」這句話

才能反映出國內的大學太多。若不是因為語言的使用有困難，譬如以不熟悉的非母語寫作，一般而言，作者只要用心應可減少不涉及思考問題的語病。

　　思考和推理是找出命題間的關聯，而命題是用來指出概念之間的關係。一個句子可以包含一個或多個命題[2]，但就像文字不等於概念，句子也不等於命題。句子是一串以符合語法規則排列的文字，可以用來表達疑問、下達命令、表示感嘆，也可以用來陳述事實。命題必須可以被判斷為真或假，而只有陳述句可以表達真假，因此命題是以陳述句的形式呈現。譬如，「澳洲袋狼已經絕種」，這個命題可能是真的，也可能是假的。但我們無法客觀地判斷以下的句子是真或假：「澳洲袋狼已經絕種了嗎？」「應該消滅所有澳洲袋狼！」「澳洲袋狼絕種令人痛心！」命題反映的是語言的深層結構[3]，可以藉由不同形式的陳述句、甚至不同的語言來表達。 像是「我們再也看不到澳洲袋狼」、「澳洲袋狼已經從地球上消失」、「澳洲袋狼已經絕種」，這些表面結構不同的陳述句，表達的是相同的命題。

　　「雖然種植番茄的難度很高，但是透過各種科學分析，我們仍然可以了解茄紅素在番茄炒蛋製造過程中所扮演的角色。」。若是沒有仔細推敲，你也許會認為這段文字沒有問題，因為這段文字裡沒有錯字，詞彙的使用和語法也都正確，句子內概念間的關聯也算清楚合理。但是如果你再讀一次，應該會發現，這段文字中以「雖然」和以「但是」為首的句子之間，邏輯關聯並不清楚，也就是，「種植番茄

難度高」和「以科學分析番茄炒蛋」並無明顯關係，除了兩者都和番茄有關。本章將討論寫作中的邏輯思考，尤其是關於認知心理學中，目前所知道的人類思考和推理特性。

▋連結和組織

　　一篇文章應該像是一棵樹，一個樹幹、樹枝和葉子之間彼此連結的有機體。換言之，任一樹葉、樹枝和樹幹的存亡都會影響整棵樹。對一篇理想的文章而言，增減任何一個概念和命題，或改變任何一個關聯，都可能影響文章要表達的意思和文章的品質。文章中所有的概念或命題間，都應該有符合邏輯的連結。單獨的樹葉、樹枝和樹幹無法存活，枯萎死亡的葉子、樹枝、樹幹不會產生功能。讀者無法理解，也很難記住，單獨存在的概念和隨機形成的連結，它們只會造成閱讀的負擔。

　　若每一個句子都只是重複了前一個句子的某一個概念，這是一種直線的連結，也就是一個句子只和前後的句子有明顯關聯。例如，「腦造影技術讓我們可以直接觀察大腦的活動，騎機車不小心大腦會受傷，機車安全帽很昂貴，靠底薪無法購買昂貴的東西」。樹狀結構則可以顯示階層的關係，使得文章裡所有的句子都有某種或遠或近的關聯。樹狀或網路結構的功能，可以反映在它們如何影響我們對結構中概念或命題的記憶和理解。有研究顯示，對於文章裡以下三種概念

或命題，實驗參與者會認為愈重要，也會愈容易記住：與其他概念或命題的連結愈多、愈是屬於文章中主要的因果結構，或位在階層結構中的愈高層[4]。例如，白雪公主故事中的蘋果，相對於小鹿，和故事中較多的事件或人物有關聯，因此蘋果比小鹿更容易被記住。

我們可以從兩個角度來解釋，為什麼樹狀結構的文章比較容易理解和記憶。第一是連結可以提供目標概念或命題記憶提取的途徑。換言之，所有與目標概念或命題相關聯的概念或命題，都可以成為回憶的線索。因此連結愈多的概念或命題被成功提取的可能就愈大。例如，白雪公主故事中大部分的人事物，都會讓我們想到蘋果。第二個角度是，連結愈多的概念或命題，在閱讀理解的過程中，愈可能重複地被提取和處理，因而增加讀者對這些概念或命題的記憶強度[5]。

有幾個因素可以讓句子內的詞彙、句子間或段落間產生關聯。首先是概念或命題之間有時間或空間上的連結，也就是它們同時、同地發生或有某種早晚或前後的順序。像久旱不雨和森林火災有時間上的前後關聯。其次是屬性上的連結，像是彼此具有從屬、重疊、相似或對比的關聯。例如，塔斯馬尼亞是澳洲的一省、雪梨和墨爾本都是大城市，澳洲和紐西蘭有很多相似之處、英國和澳洲分屬於不同的半球。最後是因果關係，例如，擦防曬油可以降低皮膚癌。時空、屬性和因果上的連結，可以讓文章中的所有成分產生關聯。

有些關聯我們無法直接觀察到，而需要藉由推理產生。寫作時，對於已經發生和可以觀察到的事物，作者應該清楚交代它們之間時

空、屬性或因果上的關聯。例如，故事中的所有事件，學術論文中的研究方法、程序和步驟。但無論是哪一種文體，也都同時會包含對未知關聯或未知事件的推理。換言之，寫作的目的通常不只是描述、報告已觀察到、已發生的事實，說服他人接受某種意見或觀點經常是作者更重要的目標。在上面的例子中，作者的目標不是要描述荷蘭這個國家的人口和大學數量，而是要傳達國內大學數量太多這個主張。理性的溝通、符合邏輯的推論是達到這個目標的關鍵條件。除了推理，有關未觀察到、未知事件或關聯的知識，還可以來自直覺、信仰、權威或大眾意見。這類知識的來源不是基於理性，也經常無法藉由邏輯推論得知，或以客觀的證據檢驗，雖然它們同樣可以用來說服讀者。

▎由通則或經驗推論未知

推理是由已知衍生出未知的過程。我們可以根據某個想法、通則或理論來預測我們會觀察到什麼，我們也可以在重複觀察到的現象中推導出某個想法、通則或理論[6]。前者是演繹推理，這是一個典型的例子：「所有的天鵝都是白色的，因此若抓到一隻天鵝，它應該是白色的」。後者是歸納推理，例如，「我看到的天鵝都是白色的，因此所有的天鵝都是白色的」。很明顯的，歸納推理不能保證結論是正確的，我們只能說很可能所有的天鵝都是白色的。有研究顯示，實驗參與者在進行推理時，可以分別依據這兩種歷程做判斷[7]。我們的知

識、對未知的理解是歸納和演繹推理不斷循環的結果。舉例而言，我們先進行歸納推理：在澳洲住了一陣子之後，我們可能會認為所有的澳洲人都喜歡游泳，這是我們由觀察而歸納出的一個通則。我們可以根據這個通則進行演繹推理，也就是預測未來遇到的澳洲人會喜歡游泳。我們可以接著再進行歸納推理：觀察更多澳洲人的運動習慣，藉以檢驗自己的想法是否正確。但無論如何，我們永遠無法確定這個通則成立，因為我們將來可能會遇到不喜歡游泳的澳洲人。

演繹推理憑藉的是純粹的邏輯推演，雖然推理有效即可確定結論成立，但這種推理並沒有提供我們關於真實世界的訊息。歸納推理無法確保結論正確，但可以透過資料蒐集和觀察，增加我們對真實世界的了解。觀察到的證據數量和品質，會影響歸納推理結論的正確性[8]。相對於觀察到一隻白天鵝，觀察到一百萬隻白天鵝較會增加「所有天鵝都是白色的」這個結論正確的可能性。相對於觀察到海豚和海獅都患疾病甲，觀察到海豚和麻雀都患疾病甲，較會增加「所有動物都會患疾病甲」這個結論正確的可能性。

權威、教條、信仰和科學都可以用來說服人，但是我們比較容易客觀地挑戰科學知識。因此在理性溝通的前提下，科學證據最具說服力，但也因此我們常會忽略科學知識的諸多限制，其中一個最重要的限制就是來自推理的過程。科學家基於觀察而歸納出某個理論或假設，這些理論或假設可能不正確，必須經過檢驗。例如，心理學家發現兒童可以很快地學會母語，因此提出主張人類先天具有語言學習能

力的假設，這是歸納推理。心理學家接著根據這個假設形成預測，例如，預測嬰兒可以學習語音的規則，這是演繹推理。科學實證研究就是在特定的情境中，有系統地蒐集和觀察真實世界中的證據，並判斷這些證據是否符合預測。若是觀察到的現象符合預測，那麼原來提出的理論或假設正確的可能性就會提高。若不符合，理論或假設就必須修正。由此可見，實證研究的結論是透過歸納推理而得；我們可以藉由歸納推理證明一個理論或假設是錯誤的，但無法證明它是正確的。

　　實際上，科學知識的演進過程也一再顯示，再怎麼確定的理論或假設都有可能被推翻。你確定第一次的細胞分裂是分裂成兩個一模一樣的細胞嗎？帕金森氏症和盲腸有關是一個不可思議的想法嗎？此外，再怎麼完美無瑕的理論都得面對殘酷的現實：我們無法保證某個理論或假設是正確的，但卻可以確定某個理論或假設是錯的，例如，更先進的儀器讓我們觀察到，第一次分裂成的兩個細胞並不完全相同，或者在某處看到了一隻黑色的天鵝。有一些理論或假設不可能被推翻，因為它們沒有清楚的預測，或沒有辦法透過蒐集和觀察證據來檢驗。例如，「自然能量會左右你的行為」、「前世的記憶會影響你的情緒」。這些理論、假設或想法也就不在科學研究的範圍內[9]。

▌脈絡和知識的影響

　　推理可以在想像的世界中進行，推理是否有效與在真實世界中是否存在可以沒有關聯。以這個推論為例：如果前提是「所有的研究生都喜歡寫論文」，而且「張三是研究生」，那麼結論是「張三喜歡寫論文」。這是有效的推理，但我們大概都會認為第一個前提與現實不符。另一個例子：前提是「所有的研究生都是拉古人」，而且「張三是研究生」，結論是「張三是拉古人」。這也是有效的推理，雖然拉古人是一個捏造的詞彙。

　　哲學中的形式邏輯提供推理的架構和原則。雖然在這個架構中，推理的有效性和它在現實世界中的真實性無關，但我們對現實世界的了解會影響我們推理的結果和表現。現實世界所提供的脈絡和知識可以促進，也可以阻礙我們的推理表現。以演繹推理而言，認知心理學家發現，兩類常見的演繹推理表現都會受到脈絡和命題內容的影響。

　　第一種是最早由亞里斯多德提出的三段論證[10]。三段論證包括大、小前提和結論。例如，大前提是「所有澳洲的省分都在南半球」，小前提是「塔斯馬尼亞是澳洲的一個省分」，結論為「塔斯馬尼亞在南半球」。有時實驗參與者會犯演繹推理的錯誤，也就是結論無法由前提推論而得。以下是典型的例子：大前提是「所有的醫生都養貓」，小前提是「有些養貓的人很有錢」，結論為「有些醫生很有錢」。但根據前提，養貓的人如何並不能告訴我們醫生如何。另一

個類似的例子：前提是「只要袋鼠經過就有足跡」，「有袋鼠的足跡」，結論爲「袋鼠有經過」。實驗參與者很容易認爲以上兩個無效演繹推理的結論成立，這是因爲他們受到脈絡、信念和知識的影響[11, 12]。前者是因爲結論符合醫師是有錢人的刻板印象，後者是因爲在大部分情況下，只有袋鼠會留下袋鼠的足跡。若是將後者的內容改成：前提是「只要袋鼠經過食物就會不見」，「食物不見」，結論爲「袋鼠有經過」。在這個例子中，實驗參與者很容易想到其他食物不見的理由，因此錯誤推論的比率就會下降。

　　第二種常見的演繹推理是條件式推理[13]，它的基本形式爲，「如果甲發生，則乙會發生」。例如「如果是博愛座，則上面坐的就是有需要的人」，換言之，博愛座是給有需要的人坐的。以下哪個情況違反了這個規定？「孕婦坐在博愛座上」、「一個看起來且實際上也沒有需要的人坐在博愛座上」、「孕婦坐在一般的座位上」或「沒有需要的人坐在一般的座位上」。你可能可以很快地正確回答是第二種情況。但心理學的研究顯示，如果這個問題以不熟悉的材料，或不涉及具體情景的抽象方式呈現，大部分的人會犯錯[14]。例如，請實驗參與者指出要檢查哪些紙牌，才能確定紙牌正反面上的文字安排符合「紙牌的正面如果是偶數，反面就會是母音字母」這個規則。大部分參與者都會檢查正面是偶數的紙牌，以確定反面是母音字母，這是正確的選擇。但是有許多參與者也會同時錯誤地選擇檢查反面是母音字母的紙牌，爲了確定它的正面是偶數。參與者更會犯這個錯誤：沒有選擇

檢查反面不是母音字母的紙牌。如果你的推理正確，那麼你應該要確定這張紙牌的正面不是偶數。

如果將問題改成：「喝酒必須要十八歲以上」。這時候可以正確選擇的實驗參與者，比例就會大幅提高[15, 16]。除了檢查喝酒的人是不是十八歲以上，參與者也會同時檢查十八歲以下的人是不是沒有喝酒。這個情況下的推理，不但有具體的脈絡，而且涉及社會關係中的權利和義務，具有演化上的價值，可以幫助找出團體中的欺騙者，因此大部分人可以做出正確的選擇[17, 18]。但有時就算是對於熟悉的環境，錯誤的推理依然可能產生。例如，有人會認為孕婦不應該坐在一般的座位上。這是等同於將「喝酒必須要十八歲以上」這個陳述，錯誤地解釋成「十八歲以上必須要喝酒」，但實際上這個陳述的意思是「十八歲以下不可以喝酒」。

正確的推理包括我們可以在獨立於時空和脈絡的情況下，根據已知的命題有效地推論出未知的命題。在藉由推理闡述和傳達想法、理念時，避免脈絡和命題內容的影響，而只專注於抽象的推理法則，可以降低我們推理的錯誤。舉例而言，對人事物既有的強烈看法、態度或情緒，可能讓我們很快、很有自信地下符合自己看法的結論，而忽略可能的推理錯誤，將問題抽象化可以減少這類錯誤。

▌因果推論

　　人類會問問題，似乎就像鳥會飛、魚會游一樣的自然。剛學會說話的小孩子會整天問爲什麼。有位母親逐漸不耐煩，最後用「因爲是設計的」來回答所有的問題。因果關係是命題間最重要的連結，它是敘事文中事件進展的動力，也是很多論說文存在的理由。我們會以「因爲，所以」的句型，來回答關於「爲什麼」的問題。這類問題無所不在，但是問題和答案的意涵卻都非常分歧。

　　因果關係可以是對已知的描述。例如，在童話故事中，「皇后爲什麼要毒死白雪公主？」「因爲她希望成爲全世界最美麗的人」，這一類答案是說明行爲的動機。提問者大概不會去追究「毒死白雪公主」是「成爲全世界最美麗的人」的充分條件，也就是前者提供後者所有需要的理由，或必要條件，也就是後者會發生一定是前者已經成立。換言之，在很多情況下，回答爲什麼只是爲了在人際溝通中，傳遞對方原來不知道的訊息，而不涉及邏輯推論。雖然不是所有的答案都會讓提問的人滿意，但它們都回應了「爲什麼」的問題，而名符其實地完成了溝通的動作。有企業被問到爲什麼停止販售甲產品，答案是「本公司根據多個因素來決定是否販售這個產品，在考慮這些因素之後，我們決定停止販售」。「因爲，所以」型式的陳述，也可以是對未知的推論。譬如，在論文中，我們經常會探究事件發生的原因，像是「人爲什麼會遺忘？」我們的答案可以是「因爲大腦萎縮」、

「因為遺忘是人類記憶的特性」、「因為大腦容量有限」，也可以是「因為遺忘可以促進對環境的適應」。

亞里斯多德曾提出四種回答「為什麼」的方式[19]。舉例而言，對於「張三為什麼有同理心」這個問題，可以有以下四種答案：「因為張三大腦中有鏡像神經細胞」、「因為同理心是人的本性」、「因為張三同理心的行為獲得酬賞」，以及「因為具同理心可以提高適應環境與生存繁衍的機會」。第一種回答涉及行為的生理或物質基礎，就好像某個雕像會變成綠色，是因為它的組成物質是銅。第二種回答根據的是某個定義或理論，例如，這個動物可以生產牛奶，是因為牠是牛；這個形狀是三角形，是因為它有三個邊。第三種回答是關於事件的立即原因，也就是事件發生的條件和機制。例如，睡眠剝奪會造成學習效果變差，是因為記憶無法固化。第四種回答涉及終極的目標。例如，動物會彼此合作，是因為這種行為可以促進物種的生存和繁衍。這四種答案分別提供關於事件為何發生的四類知識：事件發生所依賴的物質、有關事件的形式或理論、事件發生的條件，以及事件發生的最終目的。對於理解事物的運作，這四類知識一樣重要，而且彼此不能替代[20]。但有時候某一類的解釋會被認為比較重要。例如，隨著腦神經科學和造影技術的進展，至少對於人類行為的解釋，第一種解釋變得十分流行，甚至被認為是最重要、最好或最終的解釋。因此不時會出現「科學家發現鏡像神經細胞，我們終於知道人類為什麼有同理心」這類標題。

當代有哲學家提出三類觀點不同的因果解釋：根據物理、機械等自然法則、根據目的或功能，以及根據欲望和動機[21]。對於不同領域的知識，我們會著重不同觀點的解釋。例如，物理、化學等領域多半探討物質的特性和其間的交互作用，例如，食物燒焦是因為蛋白質與醣類在高溫下碳化。生物學則傾向以目的和功能來解釋生物的行為與特徵，像是沙漠中的螞蟻跑得快，是因為這樣可以避免被燙傷。社會科學的解釋則經常訴諸於行為者的信念、欲望和動機，例如，張三會遺忘是因為他不願意想起令人傷心的事。對於螞蟻為什麼跑得快，我們或許也會採取物理運作的觀點：「因為牠的重量和身體結構」。但我們比較不會回答：「食物燒焦是因為它不想被吃」。有別於成人，兒童會傾向採取這種功能和目的觀點，來解釋事物的特性和存在的理由[22]，就算是自然界中的非生物和生物。例如，山是給人爬的、森林裡有蜂蜜是因為熊要吃。有趣的是，亞里斯多德也以目的論來解釋萬物的運作，以致影響，甚至延遲了人類對自然的了解。

分辨不同關於因果關係的陳述，可以避免雞同鴨講、答非所問。在尋找通則、普遍的規律時，我們經常會探討兩個事件之間是否有因果關係，也就是進行因果推論。造成某個結果的原因可能很多，相同的原因也可能產生很多不同的結果。因果推論探討的是，一個事件會不會導致另外一個事件的發生。舉例而言，造成皮膚癌可能有遺傳和環境等多重因素，因果推論探討的是其中一個原因，像是過度曝曬會不會造成皮膚癌。十八世紀的哲學家休姆應該是第一位有系統思考因

果關係的學者。他指出我們只能觀察到事件的發生，而看不到事件之間的關聯，因此，因果關係純粹是事件在心中產生連結的結果。有三個關鍵的條件，會讓我們認為事件之間有因果關聯[23]。首先是因果事件之間有時間上的先後關係，先有因，後有果。陽光曝曬後，才會產生皮膚癌。其次，因果事件必定有時空上的連續性或關聯。譬如，澳洲無尾熊生病，不太可能是因為發生在月球上的事件。最後，因果關係是建立在重複觀察到兩個事件之間有關聯。換言之，因果關係是建立在穩定、可重現的現象上，而非偶發的事件。但就算這些條件都成立，我們仍然不能保證兩個事件之間有因果關係。例如，嬰兒床銷售量增加後，嬰兒出生人數接著增加，符合這三個條件，但銷售嬰兒床並不是嬰兒出生的原因。

「來訪的客人打了噴嚏，李四用手帕掩住耳鼻，李四的太太洗手帕，小孩子哭鬧。」這一段描述並沒有告訴我們事件間的因果關係，實際上，就算人在現場，我們的眼睛也沒有看到因果關係，但是我們很自然地會對其中描寫的四個件事，做強弱不同的因果推論。最明顯的是：「李四用手帕掩住耳鼻，是因為來訪的客人打了噴嚏」。我們也可以想像，如果來訪的客人沒有打噴嚏，李四就不會用手帕掩住耳鼻。可以進行反事實的思考是因果推論的必備能力。當我們宣稱過度曝曬會造成皮膚癌時，我們除了解釋已觀察到的皮膚癌為何產生，我們也會預期「沒有觀察到皮膚癌」，是因為沒有過度曝曬。這是一個假設的情況，依賴的是反事實的思考，因為我們已經觀察到皮膚癌，

而沒有皮膚癌是一個想像的情況。由此可見，因果關係的理解，同時包括對未觀察到現象的預測和推論，這可能也是人工智慧很難取代的人類認知能力；除非人工智慧可以超越從已經存在、既有的連結中學習[24]。

除了產生假設和預測，科學研究的另一個要件是：有證據佐證。研究者必須同時觀察到兩種證據，才能確立兩個事件的因果關係[25]。研究者除了要觀察到有因就有果，還需要同時觀察到沒有因就沒有果。因此，研究者必須在現實世界中，分別創造出以上兩種情境，然後觀察預測的結果是否發生。具體而言，研究者必須在實驗中產生，只改變是否有陽光曝曬，而其他條件都相同的兩個情境。如果陽光曝曬是因，皮膚癌是果，那麼我們應該觀察到，有陽光曝曬就會有皮膚癌，而且沒有曝曬就不會有皮膚癌。這兩個證據缺一不可。在真實的世界裡，我們通常只會注意到有皮膚癌的狀況，也就是只觀察到皮膚癌和陽光曝曬兩件事都出現，這時我們無法確定這兩件事情是否有因果關聯。要確定這個關聯，我們必須能夠藉由實驗的操弄而產生，差異只在於原因是否有出現兩種情境。例如，我們無法確立性別和智力之間、人類的活動和鳥類數量變少之間的因果關係，因為我們無法操弄性別，也無法讓人類消失。

當兩件事一起改變，像是一起出現、消失、增加或減少，我們會宣稱這兩件事有相關。我們可以在沒有因果關係的兩件事上觀察到相關。例如，在澳洲，袋鼠數目愈多的城市，大學數量就愈少。在這

個例子中，你大概不會認爲袋鼠是大學數量減少的原因，而且已經猜到，是都市化的程度造成這個相關。兩件事有相關可能是因爲它們有共同的原因，例如，都市化造成袋鼠的數量變少，也同時造成大學的數目變多。另外一個例子，科學家若觀察到，在懷孕早期有吃花生的母親，生下的小孩比較聰明。這個發現無法讓我們推論吃花生會讓小孩子變聰明，它可能只是反映母親的特質：聰明的母親會選擇有營養的食物，也比較容易生出聰明的小孩。除此之外，對於只觀察到有相關的兩件事，就算它們實際上有因果關聯，我們也無法確定哪一件事是因，哪一件事是果。譬如，上課做筆記的學生比較認眞，有可能是因爲要做筆記，所以必須比較認眞，或者比較認眞的學生會去做筆記。有時候我們甚至會認爲，實際上無關的兩件事情之間有關聯，或高估兩件事情的相關程度，這是相關錯覺[26]。例如，認爲西元年分和重大天災的發生有關，或有無遇到黑貓和當天的運氣有關。認爲實際上無關的兩件事有因果關聯，是錯上加錯。

　藉由因果推論，我們可以解釋已發生的事件，也可以預測未發生的事件；更重要的是，如果因果關係確認，我們就可以藉由操控而得到想要的結果。誤以爲兩件事有相關、將只有相關的兩件事，解釋成彼此有因果關聯、或者倒因爲果，不只是推理錯誤，更會傳達不正確的訊息，甚至造成不良的後果。例如，我們觀察到患失智症的比例和年齡有關係：年齡愈大的族群，失智症的比例就愈高。我們可以將這個相關，解釋成「失智症患者比一般人長壽」，或「長壽會增加患失

智症的機會」，但前者隱含著「失智症可以延長壽命」這個奇怪的結論。其他的例子像是，「朋友多會讓你變漂亮」、「打麻將讓你記憶力變好」。實際上可能是，「漂亮造成你的朋友多」，「記憶力好使得你喜歡打麻將」。誤信施打疫苗和罹患自閉症有因果關聯，就讓很多人付出不小的代價[27]。某個國家在准許考試時帶計算機後，學生的數學表現有進步。另一個國家的決策者因此主張，應該開放考試時計算機的使用。不知他們會不會因為有些數學家吃素，而主張學生都應該吃素。

時時刻刻地偵測環境中事件的相關和因果關聯，有助於人類的生存。注意到事件之間的相關，可以讓我們預測某事件發生的可能。例如，我們可以預測在某個地點遇到危險的機會。察覺到事件之間的因果關聯，可以讓我們產生我們想要的結果。例如，避免陽光曝曬可以降低皮膚癌。有研究發現[28]，當實驗參與者看到一輛車子撞到石頭之後，這輛車子立刻變成房子，就算這件事只發生一次，而且在真實世界中不可能發生，參與者仍會覺得石頭是車子改變的原因。由此可見，我們很容易對同時知覺到的事件做因果歸因，就算它違背了我們對真實世界的理解。除了偵測知覺上的因果關聯，我們也隨時在尋找事件的原因，陰謀論無所不在[29]，就是明顯的例子。尋找人事物間的因果關聯，除了可以幫助我們預測和控制事件的發生，我們也經常藉此合理化行為、追究事件的責任，或滿足求知欲和好奇心。無論是基於哪一個目的，理性的思考和正確的推理顯示在我們不會任意地將彼

此無關的事件視爲有關，也能夠避免輕易地將相關的事件視爲有因果關聯。

▎非理性思考的原因

　　古典哲學和傳統經濟學描述符合邏輯和理性的思考和判斷，認知心理學的研究則顯示，實際上人類的思考和判斷並非完全理性。有限的理性可以讓我們的認知系統發揮最大的效益，但有時我們必須付出代價。有關人類的推理歷程，認知心理學的研究一再顯示，材料內容和情境脈絡可以增進推理的正確性。但這也顯示，實驗參與者可能並沒有眞正地理解推理邏輯，而只是依賴經驗與記憶。例如，因爲記得曾經見過警察到酒吧檢查客人的年齡，而能夠在實驗中正確地回答條件推理的問題。儘管答案的來源並非全然出於理解，但我們可以因此節省認知資源。

　　材料內容和情境脈絡也可能對推理產生負面的影響。實際上，推理中所使用材料的內容和推理者所處的狀態與情境，經常是不理性的原因。有三類因素會影響我們是否能夠理性思考。第一類因素是思考當下的情緒和生理狀態。有研究顯示，在倉促、有壓力、認知負荷過重[30]或受情緒影響[31]的情況下，實驗參與者比較容易做無效的推理。例如，作者可能在不經心、沒有仔細思考的情況下產生：「一些不希望想起的記憶會在錯誤的時候出現。」這個句子隱含著「有些不

希望想起的記憶會在對的時候出現」這個通常是矛盾的結論；或寫出「他睡的時間不少，但醒的時候也滿多的。」大家一天不是都同樣有二十四個小時嗎？

　　第二類因素是工作記憶的限制和知識的影響。當推理的歷程複雜或需要處理的訊息龐大時，我們的思考會依賴直覺和自動化反應，而不是理性和深思熟慮[32]。有研究發現，實驗參與者的工作記憶容量與三段推理的表現有關[33]。直覺、自動化的思考方式通常快速且便利，但也經常造成偏誤。這種認知心理學家稱之為捷思法[34]的推理和判斷方式，不但普遍存在，甚至很難避免。

　　有幾類典型的捷思法。首先，在代表性捷思法中，如果某個樣本具有代表性，或符合我們的刻板印象，我們會高估這個樣本屬於某個族群的機會。譬如，我們會高估某位害羞的大學中輟生成為創業家的機會，而沒有考慮實際上，有多少比例未完成學業的大學生成為創業家。我們也會認為公平的賭注應該是輸贏隨機地交替出現，因此相信在公平的賭注中，輸了很多次之後就會贏回來，雖然實際上，每一次的賭注都是獨立的事件。其次，我們會依據最容易想到的人事物做判斷，這是可獲得性捷思法。例如，有人因為很容易想到創業家未完成大學學位的案例，而高估這些人的比例。換言之，因為很容易想起某幾位這類名人，而認為天才創業家大都是大學中輟生。你可以多快地想起任何一位高學歷的創業家？依賴可獲得性捷思法做判斷，也是我們會高估飛機失事，而低估車禍事件的原因。誤認為無關的事件之間

有關聯，也可能只是因為我們很容易注意到和回想起兩件事一起發生的經驗，而忽略了它們有多常單獨發生。例如，相對於下雨天沒有頭痛，或頭痛時沒有下雨，我們比較容易注意和記得下雨天時頭痛的經驗，因此我們會認為下雨和頭痛有關係。最後，問題呈現的方式和參照點也會影響我們的決策和判斷。例如，雖然死亡率為百分之十等同於生存率為百分之九十，但不同的說法會影響實驗參與者的醫療選擇[35]。另外一個例子，研究者分別要求兩組實驗參與者回答這兩個問題：「澳洲無尾熊的數量多於或少於一萬？」或「澳洲無尾熊的數量多於或少於十萬？」接著參與者必須估計澳洲無尾熊的數量。兩組參與者是隨機地被分派到這兩個實驗情境，因此平均而言，他們的估計應該差不多；但研究顯示，前者問法之後的估計值會低於後者的問法[36]。可見參照點的高低會影響我們的判斷。

　　第三類影響我們是否能夠理性思考的因素，與情緒和動機有關[37]。不願意認錯、不想顯得技不如人，或迫切想要達到某個目標，都可能有正面的效益，但也都會阻礙我們理性思考。譬如，我們可能為了提倡某個教育政策，而直覺地提出「為什麼天才創業家大都是大學中輟生」這個預設可能有誤的問題。我們也可能為了推廣某一種研究工具，而認為它適合探討所有的問題，就像為了推廣錘子，而將所有的東西都看成釘子。我們也可能期待所有的研究者，都採取我們亟欲推廣的某一種研究策略，而造成在某些學術研究中，研究者不止是瞎子摸象，還都摸同一處。整體而言，動機或使命感很容易讓我們只注意

到支持自己觀點或想法的證據[38]、讓我們變成高估自己預測準確度的事後諸葛[39]，或讓我們對自己所有判斷的後果都可以自圓其說[40]，最後導致我們過度自信、漠視他人的意見和回饋，而陷入非理性的惡性循環。

　　了解造成非理性思考的因素，有助於我們監測自己的思考和推理過程，進而可以避免推理的偏誤，並增加與讀者理性溝通的可能。溝通更是建立在了解讀者已經知道什麼，以及讀者是否與我們有共同的推理基礎。

▌批判和辯論

　　寫作時除了提出自己的想法，我們還經常需要捍衛自己的論點，或批判和反駁對立的論點。區分各類批判和辯論的基礎或前提，除了可以促進彼此理性溝通，還可以幫助我們評估理性溝通的可行性。無論是否為學術論文，我們通常會在幾個基礎上進行辯論。

　　首先，爭議是來自於有一方對觀察到的現象或證據提出質疑。第一種情況是，雙方觀察到的現象不同，或者有一方無法藉由相同的程序或方法得到同樣的結果。例如，有一方觀察到心電感應的現象，而另一方無法觀察到，或無法藉由同樣的方法產生。理性的處理方式是雙方一起檢視證據，並找出彼此不一致的原因。這類爭議通常比較容易解決，除非涉及誠信問題。第二個情況是，雙方觀察到的現象或證

據相同，但卻得到不一樣的結論。若有人回憶出百分之四十曾發生過的創傷事件，這代表創傷事件是容易遺忘，還是容易想起？有百分之八十的消費者喜好某個品牌的牙膏，就代表這個牙膏最受歡迎嗎？在可以複選的情況下，可能有百分之九十的消費者喜好另外一個品牌。百分之七十的大腸癌病人有吃剩菜的習慣，就代表吃剩菜和罹患大腸癌有關嗎？如果另外知道所有無大腸癌的人都有吃剩菜的習慣，那麼吃剩菜不就可以預防大腸癌嗎？以上這些例子都說明了基準線的重要性，若彼此比較的標準不同，就可能產生完全相反的結論，即使雙方觀察到相同的證據。

另一個辯論的基礎或爭議的來源，涉及觀察到的現象或證據是否可以用來支持某個想法或理論。例如，有些學者主張兒時的記憶會被壓抑，而且之後可能再度浮現。因此，若是觀察到有些人從未回想起兒時事件，那麼這個理論成立的可能性應該降低，因為記憶已永久消失，而不是被壓抑。但同樣的證據也可以用來支持壓抑理論，因為記憶被強烈壓抑所以想不起來。換言之，「回想不起來」這個現象，可以用來支持、也可以用來反駁壓抑理論。另外一個例子，「祈禱後願望從未實現」這個證據，本來可以用來反駁「祈禱會讓你的願望實現」這個說法，但同樣的證據也可以解釋成是祈禱不夠虔誠，而不是祈禱無法讓願望實現。「火車站大門改變方向後，事故依然發生」這個證據，也沒有辦法反駁「改變大門方向就可以改變運氣」的說法，因為「若是沒有改，事故可能更多或更嚴重」。

　　就算雙方對證據的解釋沒有爭議，要以這些證據反駁對方的想法或理論依然不容易。我們的想法或理論不是單一的概念或命題，而是龐雜知識和信念系統的一部分，其中包括主要的假設和其他相關、次要的輔助假設[41]。在上述的例子中，「虔誠的祈禱下，願望才會實現」是與主要信念「祈禱會讓你的願望實現」息息相關的輔助假設。「這種研究方法早就過時，因此實驗有問題」或「這個民調機構的老闆是張三，所以民調造假」等說法或質疑，經常是辯論者在觀察到結果之後，才產生的輔助假設。因此，輔助假設，尤其是在看到證據或結果之後才提出的輔助假設，幾乎可以拯救所有不被證據支持的主要假設，進而造成就算彼此觀察到的證據相同，也無法解決爭議。對於主張「登陸月球是虛構事件」的人而言，他們的陰謀論包含了輔助假設：「政府有虛構影片的動機和能力」，因此幾乎無法被任何的證據反駁。

　　最後一類辯論的基礎不在形式邏輯上的有效性，而是基於在日常生活中對未知事件做最合理的推論[42]。針對三種經常出現在真實世界中的辨證方式，認知心理學家曾分析影響實驗參與者判斷的因素[43]。

　　首先是循環論證，它是指論證中的命題互為解釋，而沒有提供額外的訊息。換言之，循環論證將重述當成證明或解釋。例如，「有果就有因，因為果不會自己產生」，「因為他肚子餓，所以知道他想吃飯」，「因為聽到很大的聲響，所以知道有打雷」。在這些例子中，結果也可以用來解釋原因：「因為他想吃飯，所以知道他肚子餓」，

「因為有打雷，所以聽到很大的聲響」。其次是基於無知的推論，也就是，以沒有證據作為推論的基礎。例如，以無法證明沒有外星人存在，而推論有外星人；以無法證明沒有超能力，而推論超能力存在。最後一類是基於滑坡效應的推論，也就是認為產生結果的進程會一直持續下去。例如，允許帶蘋果入境會造成也允許帶香蕉入境，最後所有的水果都可以帶入境。

　　研究發現，實驗參與者的背景知識和推論材料所提供的脈絡，會影響論證的說服力。以「知道有打雷，是因為聽到很大的聲響」為例，若被告知發生的地點是在機場，相對於公園附近，實驗參與者會比較難以被說服，因為聲響也可能來自飛機。同樣的，大多數人可以接受，以沒有顯示某個藥物有副作用，而推論該藥物安全，因為相較於證明沒有外星人，我們比較可以想像和理解檢驗藥效的方法。對大多數人而言，允許帶蘋果入境，而導致也允許帶香蕉入境的可能性，還是大於導致魚蝦也可以帶入境的可能。這些被教科書視為謬誤的演繹推理，在實務上還是可以因為脈絡的不同，而產生程度各異的說服力。由此可見，我們會接受邏輯上有問題，但合理的推論，若是我們完全忽略這項人類推理的特性，就容易在溝通中爭議不斷。

▎促進寫作時的理性思考

寫作時理性溝通的原則是，文章的內容應該要切題且邏輯一致，並提供讀者額外、原先未知的訊息。我們可以從認知資源、知識、動機、價值與信念等角度來促進自己的理性思考。

首先，因作者認知資源限制所造成的寫作推理問題相對容易避免。我們可以選擇在身心狀態較佳的狀況下寫作，並且花時間和心力推敲、重讀和修正。此外，為了讓自己可以深思熟慮地做理性分析，我們應該借助各種用以降低工作記憶負擔的方法和工具，像是各類資料庫、搜尋引擎和人工智慧系統。

其次，我們應該持續不斷地累積各種知識，尤其是關於寫作主題和內容的知識。大多數的推理涉及具體的脈絡和目標，而不是全然抽象的運作。豐富的背景知識不但可以幫助我們推理，更有利於我們找到抽象、普遍的原則。尤其在類比推理中，接觸較多的範例有助於學習類比原則和解決新的問題[44]。例如，觀察到很多不同種類動物的求偶行為，可以幫助我們了解演化的原則和預測動物的行為。此外，不斷地吸收新知也有助於我們接觸不同的觀點，進而發現自己的推理錯誤。例如，充實腦神經科學知識可以讓我們了解，找到某個異常行為的腦神經基礎，不代表這個行為就不能改變，或一定要依賴藥物才能改變；也可以讓我們不會將大腦的成長視為獨立於環境的事件，而武斷地主張大腦準備好才能與某種環境互動。

　　錯誤的觀念和知識會因為我們只注意支持自己想法的證據，而難以更正；累積正確的知識則可能讓我們擺脫這類惡性循環。就算是創造力和直覺，也都需要以扎實的相關知識為基礎，創見和靈感不會憑空而降。有些人會認為他們很多正確、好的決策和判斷都是靠直覺。實際上，宣稱沒有相關的經驗和知識，就可以直覺地做出正確的判斷，可能來自兩類認知偏誤：後見之明讓我們低估，有多少訊息是決策和判斷前就知道的；可獲得性捷思法讓我們比較不會注意和記得那些無效、不正確的直覺。

　　最後，理性的思考表示我們應該以追求正確，而非以得到自己想要的結果為目標[37]。有研究顯示，當給予實驗參與者動機，而使得他們會以判斷正確為目標時，參與者的各種推理偏誤會降低[45]。為了減少偏誤，有時候我們應該害怕或盡力避免犯錯，不管這是因為失誤會讓我們沒有面子、會造成不良的後果，或會背離我們的自我要求。此外，我們也應該隨時隨地準備為自己的主張提出理性的辯護，而非將它視為不容挑戰的最終答案。面對日新月異的知識進展，也許對於所有答案，我們都應該要保守看待。譬如，「關節炎和氣候實際上無關」是心理學教科書中，用以說明相關錯覺的例子。當你正想以此為例時，剛出爐的長期大樣本研究卻顯示，慢性疼痛和氣候有關[46]。當你急著要糾正，「在睡眠中可以學習語言」的科學迷思時，可能忽略已經有研究顯示並非不可能[47]。同樣的，培養開放心態的思考方式，可以減少不自覺的思考錯誤。開放的心態指的是，隨時願意修正自己

的想法，而接受不同的觀點、價值、信念和意見[48]。批判的態度不只是針對別人的，也適用在我們自己的想法或主張上。

　　雖然思考和推理應該符合邏輯，決策和判斷應該要理性，以取得最佳的結果，但人類在環境和大腦的限制下，通常只會做出合理、可以接受的選擇，人類更會受情緒和動機的影響。很早就有哲學家提出真正驅動人類行為的是情緒，而不是理性思考[49]。如果寫作的主要目標是傳達理念、說服對方或解決爭議，那麼考量人類思考和推理的特性，並找到與讀者共同的論述基礎，會有助於達到這個目標。因此，有效、理性的溝通還包含考量讀者有限的理性。

　　文章中所有的成分都應該有合理的關聯，推理讓已知和未知產生關聯。下一章要討論的故事結構是關於文章中更大、更複雜成分間的關聯。

▋註文

1. Forster, E. M. (1927). The plot. In E.M. Forster, *Aspects of the novel* (pp. 126-154). London: Arnold.

2. Kintsch W.(1974). *The representation of meaning in memory*. Hillsdale, NJ: Erlbaum.

3. Chomsky, N. (1965). Methodological preliminaries. *In Aspects of the theory of syntax* (pp. 1-66). MIT Press.

4. Trabasso, T., & Van Den Broek, P. (1985). Causal thinking and the representation of narrative events. *Journal of Memory and Language, 24*(5), 612-630.

5. O'Brien, E. J., & Myers, J. L. (1987). The role of causal connections in the retrieval of text. *Memory & Cognition, 15*(5), 419-427.

6. Johnson-Laird, P. N. (2000). Thinking: Reasoning. In A. Kazdin (Ed.), *Encyclopedia of Psychology* (Vol. 8, pp. 75-79). Washington, DC: American Psychological Association.

7. Rips, L. J. (2001). Two kinds of reasoning. *Psychological Science, 12*(2), 129-134.

8. Osherson, D., Smith, E. E., Wilkie, O., López, A., & Shafir, E. (1990). Category based induction. *Psychological Review, 97*(2), 185-200.

9. Popper, K. (2005). *The logic of scientific discovery*. New York, NY: Routledge. Original English translation published in 1959.

10. Rips, L. J. (1999). Deductive reasoning. *The MIT encyclopedia of the cognitive sciences*. Cambridge, MA, 225-226.

11. Newstead, S. E., Pollard, P., Evans, J. S. B., & Allen, J. L. (1992). The source of belief bias effects in syllogistic reasoning. *Cognition, 45*(3), 257-284.

12. Evans, J. S. B., Barston, J. L., & Pollard, P. (1983). On the conflict between logic and belief in syllogistic reasoning. *Memory & Cognition, 11*(3), 295-306.

13. Evans, J. St. B. T., & Over, D. E. (2004). If. Oxford: Oxford University Press.

14. Wason, P. C. (1968). Reasoning about a rule. *Quarterly Journal of Experimental Psychology, 20*(3), 273-281.

15. Griggs, R. A., & Cox, J. R. (1982). The elusive thematic materials effect in Wason's selection task. *British Journal of Psychology, 73*(3), 407-420.

16. Johnson-Laird, P. N., & Byrne, R. M. (2002). Conditionals: A theory of meaning, pragmatics, and inference. *Psychological Review, 109*(4), 646-678.

17. Cheng, P. W., & Holyoak, K. J. (1985). Pragmatic reasoning schemas. *Cognitive Psychology, 17*(4), 391-416.

18. Cosmides, L. (1989). The logic of social exchange: Has natural selection shaped how humans reason? Studies with the Wason selection task. *Cognition, 31*, 187-276.

19. Falcon, A. (2008). Aristotle on causality. In Edward N. Zalta (Ed.), *The Stanford Encyclopedia of Philosophy* (Fall 2008 Edition).

20. Killeen, P. R. (2001). The four causes of behavior. *Current Directions in Psychological Science, 10*(4), 136-140.

21. Dennett, D. C., (1987). Three kinds of intentional psychology. In P.C. Dennett. *The Intentional Stance* (pp. 43-68). MIT Press.

22. Kelemen, D (1999). Function, goals and intention: Children's teleological reasoning about objects. *Trends in Cognitive Sciences, 3*(12), 461-468.

23. Hume, D. (2003). Of knowledge and probability. In D. Hume., *A treatise of human nature* (pp. 472-479). Courier Corporation.

24. Pearl, J., & Mackenzie, D. (2018). *The book of why: the new science of cause and effect.* Basic Books.

25. 統計學家會以計量的方法推論因果關聯，但仍非直接的證據。

26. Hamilton, D. L., & Lickel, B. (2000). Illusory correlation. In A. E. Kazdin (Ed.), *Encyclopedia of Psychology* (Vol. 4, pp. 226-227). Washington, DC: American Psychological Association.

27. Offit, P. A., & Coffin, S. E. (2003). Communicating science to the public: MMR vaccine and autism. *Vaccine, 22*(1), 1-6.

28. Bechlivanidis, C., Schlottmann, A., & Lagnado, D. A. (2019). Causation without realism. *Journal of Experimental Psychology: General, 148*(5), 785-804.

29. van Prooijen, J. W., & Van Vugt, M. (2018). Conspiracy theories: Evolved functions and psychological mechanisms. *Perspectives on Psychological Science, 13*(6), 770-788.

30. Evans, J. S. B., & Curtis-Holmes, J. (2005). Rapid responding increases belief bias: Evidence for the dual-process theory of reasoning. *Thinking & Reasoning, 11*(4), 382-389.

31. Blanchette, I., & Richards, A. (2004). Reasoning about emotional and neutral materials: Is logic affected by emotion? *Psychological Science, 15*(11), 745-752.

32. Evans, J. St. B. T (2003). In two minds: dual-process accounts of reasoning. *Trends in Cognitive Sciences, 7*(10), 454-459.

33. Capon, A., Handley, S., & Dennis, I. (2003). Working memory and reasoning: An individual differences perspective. *Thinking & Reasoning, 9*(3), 203-244.

34. Tversky, A., & Kahneman, D. (1974). Judgment under uncertainty: Heuristics and biases. *Science, 185*(4157), 1124-1131.

35. McNeil, B. J., Pauker, S. G., Sox, H. C., & Tversky, A. (1982). On the elicitation of preferences for alternative therapies. *New England Journal of Medicine, 306*, 1259-1262.

36. Jacowitz, K. E., & Kahneman, D. (1995). Measures of anchoring in estimation tasks. *Personality and Social Psychology Bulletin, 21*, 1161-1167.

37. Kunda, Z. (1990). The case for motivated reasoning. *Psychological Bulletin, 108*(3), 480-498.

38. Wason, P. C. (1960). On the failure to eliminate hypotheses in a conceptual task. *Quarterly Journal of Experimental Psychology, 12*(3), 129-140.

39. Roese, N. J., & Vohs, K. D. (2012). Hindsight bias. *Perspectives on Psychological Science, 7*(5), 411-426.

40. Gerard, H. B., & White, G. L. (1983). Post-decisional reevaluation of choice alternatives. *Personality and Social Psychology Bulletin, 9*(3), 365-369.

41. Gershman, S. J. (2019). How to never be wrong. *Psychonomic Bulletin & Review, 26*(1), 13-28.

42. Van Eemeren, F. H., Grootendorst, R., & Eemeren, F. H. (2004). *A systematic theory of argumentation: The pragma-dialectical approach* (Vol. 14). Cambridge University Press.

43. Hahn, U., & Oaksford, M. (2007). The rationality of informal argumentation: a Bayesian approach to reasoning fallacies. *Psychological Review, 114*(3), 704-732.

44. Gentner, D., & Markman, A. B. (1997). Structure mapping in analogy and similarity. *American Psychologist, 52*(1), 45-56.

45. Freund, T., Kruglanski, A. W., & Shpitzajzen, A. (1985). The freezing and unfreezing of impressional primacy: Effects of the need for structure and the fear of invalidity. *Personality and Social Psychology Bulletin, 11*(4), 479-487.

46. Dixon, W. G., Beukenhorst, A. L., Yimer, B. B., Cook, L., Gasparrini, A., El-Hay, T., ... & Silva, R. (2019). How the weather affects the pain of citizen scientists using a smartphone app. *NPJ Digital Medicine, 2*(1), 1-9.

47. Schreiner, T., & Rasch, B. (2015). Boosting vocabulary learning by verbal cueing during sleep. *Cerebral Cortex, 25*(11), 4169-4179.

48. Price, E., Ottati, V., Wilson, C., & Kim, S. (2015). Open-minded cognition. *Personality and Social Psychology Bulletin, 41*(11), 1488-1504.

49. Hume, D. (2003). Of the love of fame. In D. Hume., *A treatise of human nature* (pp. 411-421). Courier Corporation.

第八章

說故事

本書視寫作爲一個問題解決的過程。寫作這個問題的解答和最終目標是寫出一篇文章。爲了達成這個目標,我們需要有效地運用和安排認知資源,並利用各種方法減輕認知負荷;我們需要覺察和監控自己的認知歷程,並根據目標調整自己的寫作行爲;我們也需要覺察目標讀者是誰,並了解他們的知識背景、動機和信念以及閱讀時的心理歷程。最後,我們還需要累積相關的知識,並培養語言和思考推理能力。

本書最後一章要討論的是關於文章的整體結構和內容,並主張最自然的寫作方式是以說故事的心態描寫和論述,內容述說的則是一個關於問題解決的故事。

從前有一個女孩,經常遭繼母欺負。有一天在仙女魔法的幫助下,得以參加王子舉行的舞會。在魔法失效之後,女孩回到原來的生活。後來王子靠著女孩離開舞會時留下的一隻鞋子,找到女孩並與她結婚,兩人從此過著幸福快樂的日子。

這個故事不但家喻戶曉,而且類似的主角和情節出現在從遠古至今不同的文化中[1]。人類喜歡聽故事、說故事,故事跨越時空和文化

無所不在。口說故事的歷史可能跟人類的歷史一樣久遠。出現在法國南方洞穴中的壁畫，傳達的可能是新石器時代關於狩獵的故事；刻在泥板上的楔形文字是已知最早的書寫文字[2]，其中描述了五千年前的英雄故事。除此之外，故事可以長久流傳，我們熟知的伊索寓言故事可能源自古代美索不達米亞文學的動物寓言。我們更是無時無刻不在找故事，並且以故事來組織所見所聞。我們會在移動的無意義幾何圖形中看到故事[3]，也會在睡夢中找故事[4]。說故事和聽故事就是我們的社交生活，我們受故事啓發，也用故事來影響別人的信念和態度。柏拉圖在理想國書中強調故事在教育上的重要性：故事可以影響心性和鼓舞行爲[5]。有諾貝爾經濟學獎得主認爲，像病菌一樣四處傳染的故事，是歷史上許多重大經濟事件和政策的推手，根據故事影響力所做出的預測，甚至比經濟學理論和經濟學者的預測準確。故事，不管是眞是假，都可以透過名人和大眾傳播工具，像病毒一樣地繁衍、散播。故事會影響群眾的經濟行爲，像是拋售、搶購；也會造成整體的經濟波動，像是榮景、蕭條[6]。

▎故事的結構和內容

故事是一組涉及主角、時空，並以因果關係連結而成的事件。以結構而言，故事中各成分間的組織原則，就像句子一樣，是由一組特定的規則來決定。這些規則就是故事語法[7]。故事的語法和故事的內

容是彼此獨立的。也就是說，故事語法不同的故事，內容可以相同；內容不同的故事可以有相同的故事語法，就像句子的意義和它的語法結構一樣，可以互相獨立。我們可以根據故事語法產生長度和數量無限的故事，就跟我們可以產生長度和數量無限的句子一樣。故事語法支配故事的結構，而故事結構的分析是一種更高層次的語言分析。

我們經常說做事要有頭有尾，實際上，若是加上中間就成了一個故事。故事結構的分析可以追溯到亞里斯多德，他認為故事包括三個部分：開始、中間和結尾。希臘的戲劇傳統對這三個部分的內容有較具體的描述[8]。除此之外，有學者分析古今關於英雄的故事，並主張它們都有相似的結構和元素[9]。最近則有心理學家比較不同學者間所提出的理論，這些理論包括，來自從亞里斯多德到分析現代電影劇情的學者。結果顯示，所有的理論都將故事分成三到五個獨立的部分；儘管對於各個部分的長短、強調的重點和情節的轉變，不同學者之間的看法不完全相同。該研究進一步分析大量的電影故事，結果顯示，電影情節和小說、戲劇，傳說、漫畫以及口說故事一樣，都有類似的結構[10]，而且這個結構類似於「起承轉合」，這個中文裡關於文章的組織原則。

在認知心理學中，故事結構的概念可以追溯至一系列關於實驗參與者回憶故事的實驗。研究中的參與者用接龍的方式聽故事和回憶故事，他們必須回憶出由前一位參與者那裡聽到的故事，下一位參與者同樣必須在聽完故事之後，回憶出所記得的內容。我們可以想像故事

會在一連串的聽和說之間被扭曲。這個研究最重要的結果是，參與者並非隨機地遺忘或扭曲所聽到的故事，他們回憶出的故事會受到文化、知識和預期的影響。例如，參與者會將「划獨木舟去獵海豹」記成「坐船去打魚」，或是在「兒子很驚訝而且不再和父親鬥智了」這個結局之後，錯誤地多回憶出原本故事中沒有的結論：「兒子為自己的行為感到羞恥」。完成並詳細記錄這個研究的學者，將這類影響記憶的知識稱為基模[11]。後來的學者將動態、涉及時空和事件推演的知識稱為腳本，而將靜態的背景知識稱為架構[12, 13]。到餐廳吃飯和到銀行提款是前者的例子；後者的例子則像是對某些人事物的刻板印象。我們可以將這些關於例行事件進程和典型情境狀態的知識，視為故事語法的雛形。

認知心理學家接著陸續發展出較為完整和複雜的故事語法[14]。典型的故事語法將故事分成四個主要的成分[15]：第一個成分是由人物和時空組成的「背景」。第二個成分是故事的「主題」，它通常指的是故事中的目標。第三個成分是由一個或多個事件組成的「情節」，我們可以將事件視為是具有自己目標的小故事。最後一個成分是故事的「結局」，它是與故事中目標有關的最後狀態。情節之間可以根據它與目標的距離，而有轉折和起伏。本章的論述將依循這個架構，並將重點放在這四個主要的故事成分。

在上面的故事中，「從前有一個女孩」提供故事的背景，除了時間和人物，有些故事還會提及故事發生的地點。解決「經常遭繼母

欺負」也就是「生活不好」的問題，是故事的主題；換言之，故事的主題是主角如何解決問題，而達到過好日子的目標。舞會相關事件的經過構成了故事的情節，「魔法失效之後」是故事情節的重大轉折之一。最後的結局是「兩人從此過著幸福快樂的日子」。

在「背景」、「主題」、「情節」和「結局」四個故事的必要成分中，「主題」最重要。它是一個故事的核心和種子，也是說故事的動機和故事存在的理由。主題的內容說明一個待解決的問題、要達成的目標。「情節」則描述解決這個問題、達成這個目標的過程。情節的鋪陳涉及程序記憶系統[16]，描述情節時，作者需要從長期記憶中提取相關知識，並在工作記憶中依序安排解決問題的步驟。「結局」所呈現的是故事中問題解決的結果、目標達成的狀況。故事描述主角克服困難的過程和結果，因此「主題」、「情節」和「結局」三者缺一不可，否則就無法構成一個故事。

故事中的「情節」可以進一步由許多小故事組成，每個小故事同樣也有自己的故事結構和成分，也就是有自己的主題、情節和結局。因此故事和句子一樣，各成分之間以階層式的結構組成：每一個在結構中上層的故事，可以包含一個或數個下層的故事，而下層的故事又可以是其他故事的上層故事，依此類推。故事情節不一定會有轉折和起伏，尤其是情節單純的故事，但是它可以決定故事會有多麼吸引人。除此之外，故事就像事件記憶系統[16]一樣，包含時間、地點和人物等背景訊息。有時候關於故事的背景是隱含未明的，也就是讀者

可以自己推論而知，或屬於故事中非關鍵、非特定的訊息。譬如，在「從前在某個村莊，有一個放羊的小孩……」和「最近有研究發現，創傷經驗產生的影響可以遺傳給下一代……」。在這兩個例子中，特定的時空或人物並不是故事的重點。儘管如此，在很多時候，故事的背景跟情節一樣，是決定讀者會有多麼投入故事內容的關鍵因素。

▌故事的功能

除了結構和成分的分析，認知心理學家更關心的是，故事的結構如何影響我們的認知歷程。有研究發現，實驗參與者對故事的理解和記憶決定於故事的結構。符合故事結構的文章，會比將故事主題移到文章最後，或沒有提供故事主題的文章，容易理解和記憶，就算這三類文章的內容相似。此外，對於符合故事結構的文章而言，在故事階層結構中層級愈高的訊息，參與者回憶得愈好。最後，重複故事的結構可以促進實驗參與者對第二篇文章的記憶，但重複故事的內容則反而造成干擾[15]。另外有研究顯示，對於和故事的開頭、主題以及結局有關的句子，無論是兒童或大人都會回憶得比較好。換言之，實驗參與者對故事中文字的回憶，會受到這些文字在故事結構中的角色所影響[17]。因果連結的數量和性質也會影響實驗參與者對故事中事件的認知處理：與愈多其他事件有因果關聯，或與故事的主軸愈有關聯的事件，參與者會愈容易記得和理解[18]，也會認為比較重要[19]。

　　故事結構提供一個理解和重現故事內容的模板或原型[14]。故事結構會支配記憶的編碼，也就是決定哪些訊息比較重要而會被記住；故事結構也會促進記憶的提取，因爲它可以提供一套有組織的回憶架構和線索。在課堂上，學生就算已經忘記教材的內容，他們還是經常能夠回憶出，那些用以佐證或舉例說明教材內容的故事。除此之外，我們理解故事，也許就像我們與物體互動一樣：我們可以快速且不費力地理解符合故事結構的內容，就像我們可以快速且不費力地，知道如何使用某些形態的物品或工具[20]。例如，典型的椅子會引發我們坐下的動作傾向；門把會因爲設計的不同，而讓人覺得應該要拉或要推。

　　故事除了提供有助於記憶和理解的結構，它還可以作爲具體的例子，用來說明抽象的概念。譬如以「折十根筷子」的故事來說明團結的重要。有時候作者還可以結合故事與人類類比推理及象徵性思考的能力[21, 22]。在這個情況下，作者的目的不是要另外描述一個故事，而是知道讀者可以自動地抽離故事中重要的元素，可以運用類比和想像，將故事中的元素一對一地投射到新的情境中。使用「螳螂捕蟬、黃雀在後」、「草船借箭」和「木馬屠城」這類成語或表達方式，是藉由寓言、歷史和神話故事做類比的典型例子。類似的道理，若在銷售的過程中，提醒消費者一個故事，那麼一輛腳踏車或一雙球鞋可以只是因爲跟一個勵志的故事、一位奮鬥有成的名人產生連結而高價大賣[23]。

　　故事是有效的說服工具。故事藉由提供一個眞實或虛擬的社會情

境，來表徵和溝通社會經驗。讀者可以透過閱讀，進入故事的世界，甚至模擬主角的認知與情緒。換言之，讀者在閱讀故事的過程中，身歷其境地和主角或作者一樣地思考和感受，甚至融入故事中而全然忘我。有研究發現，當讀者熟悉故事中的情境，且因此可以採取故事的觀點，他們會比較容易被故事中的訊息說服[24]。除此之外，當實驗參與者愈能進入主角或作者的注意、想像和感情世界中，參與者的態度和信念也愈容易被改變，無論故事是否為虛構的[25]。最近有研究者認為，有三個原因使得故事可以有效地改變態度，尤其是可以降低族群間的社會偏見，和培養對其他族群正面的態度[26]。首先，如上述，讀者可以因為完全進入故事的世界中，而與主角同步地思考和感受，進而改變態度。其次是故事傳達訊息的方式，通常比較間接和含蓄，因此比較不會引起讀者的抗拒。以「折十根筷子」的故事，婉轉地傳達團結的重要性是典型的例子。第三個原因是，讀者可能視故事中的主角為楷模，進而學習正確的態度和行為。我們從小到大應該都讀了不少或真或假的名人勵志故事。

故事除了有上述的功能，也許故事的終極力量是它可以戰勝真相和事實，「自圓其說」指的就是創造出符合故事結構的說詞。有研究顯示，就算是對於已經有高度共識的科學證據，故事還是可以減弱它的可信度[27]。無論在現實世界中或在實驗室裡，都可以觀察到以下這個現象。在逼供之下被定罪的嫌疑犯，就算後來出現的DNA證據證明其無罪，檢方仍可能提出一個足以說服實驗參與者嫌疑犯有罪的說

法，也就是建構出一個可以打敗DNA證據而具可信度的故事。故事可以是虛構的，可以發生在一個違背自然法則的虛擬世界中，儘管如此，故事還是可能比事實和真相更可信。事實並沒有阻止我們說一個關於英雄崛起，或是一個關於民族，甚至宇宙起源的故事，反倒是這些故事改變了世界[28]。故事因為創造過去而可以創造未來。

▋問題解決

　　語言能力可能是人類特有的，也是人類可以創造文明的原因。雖然關於兒童語言發展的討論，經常也會包括非人類動物的語言學習案例[29]，但在一般情況下，教師並不需要像訓練動物學習語言一樣，花那麼長的時間和那麼多的心力在教導兒童上。兒童的母語學習更通常是在自然、不自覺的情況下進行。人類藉由語言傳遞訊息，進而集體創造文明。不難想像，在沒有文字之前，人類為了彼此傳遞有關生存的訊息，需要依賴可以幫助理解和記憶的敘事方式。說故事是人類最早和最普遍的溝通方式。兒童最常接觸和使用的敘事方式就是故事[30]，所有的文化都會藉由說故事教育兒童[31]，所有的兒童故事中都會有某些角色類型和情節，所有的主角都會面對某種麻煩[32]。我們理解和說故事的能力，可能來自聽和讀了很多故事，也可能來自直接的生活經驗及對事件因果關係的理解。這個能力更可能是天生的，因為它普遍存在，且具有重要的個人和種族生存價值。故事可以傳達有關族群合

作和生存的訊息[33]，在靠狩獵和採集維生的社會裡，說故事高手會比較合群、有較高的社會地位和繁衍優勢[34]。

　　故事藉由傳遞關於攻擊、逃亡、覓食和繁殖等生存必要訊息，而達到警告和教訓的作用。讀者在閱讀故事時，會去推論沒有明說的時空和因果關係，以及主角的意圖，進而建立關於文章主題的心智模型[35]。以空間關係為例，有研究者要求實驗參與者在閱讀的過程中，快速地回答有關物體空間位置的問題。結果發現，回答問題的反應時間取決於物體相對於讀者的位置。這個結果顯示，讀者在閱讀文章時，會在腦中建構一個空間模型，而且自己彷彿進入故事裡的空間中[36]。讀者通常會建構出一個包含時空人物的心智模型，並透過這個模型來理解和提取文章所要傳達的訊息[37]。一直都有認知心理學家主張，讀者在閱讀的過程中，不只是理解文字的意義，而是會進一步推論和體會句子或文章要傳達的訊息[38]。例如，「盛滿水的椰子殼對螞蟻而言是一片海洋」，這個句子要傳達的不是某種植物和動物的關聯，而是「井底之蛙」。「龜兔賽跑」的故事不是要比較動物的移動速度，而是要訓誡「持之以恆是成功的關鍵」。

　　故事可以讓讀者進入一個未曾經歷，甚至不存在的世界，也可以讓讀者扮演一個自己不曾擁有，甚至不可能擁有的角色。讀者可以藉此模擬並了解自己的反應和行為，進而從複雜和瑣碎的故事細節中，選擇和抽取重要的訊息[39]。從演化的角度來看，這個訊息傳遞的可能是一個社會規範，也可能是一個攸關存亡的教訓。例如，一個關於狩

獵或食物的故事，所要傳達的是如何逃離危險或避免中毒的教訓。因此，說故事是一種社會行為，它最終的目標是傳達一個教訓、教一堂課。實際上，讀者也會預期故事裡存在某種教訓，例如，實驗參與者會誤以為故事中有出現「兒子為自己的行為感到羞恥」這個道德教訓[11]。故事藉由描述一個難題的解決過程來分享經驗、提供教訓、保留文化和價值，進而促進種族的延續。譬如，在珍奧斯丁的小說中，女主角會選擇一個最適合的結婚年齡，太早可能會錯過更好的選擇，太晚則會讓自己的選擇變少[40]。

　　有一個問題要解決、有一個目標要達成是故事存在的理由。故事結構中的其他元素都是用來彰顯、描述和處理這個主題。換言之，故事描述的是問題解決的背景、過程和結果。從認知心理學的角度而言，「問題」來自於起始狀態和目標狀態不同，「解決問題」就是移除介於兩個狀態之間的障礙。因此，一個「問題」包含目前的狀態、欲達成的狀態，以及可用以轉換狀態的方法或工具。問題解決就是將目前的狀態轉變成目標狀態，或儘可能縮小兩個狀態的差異[41]。通常人類在解決問題時，不會窮盡和計算所有的解決方法，而是會採取各種捷徑或策略[42]。我們最常採取的策略是，設法確保每一個步驟都縮小了現狀和目標狀態的距離，若是這個距離太大，我們就會先設定一些次目標。以故事結構中的四個成分而言，「背景」就是現狀，「主題」描述某種難題、障礙或衝突，「結局」是目標狀態，「情節」描述狀態改變的過程。不同層次的目標和次目標的數量，決定了故事的

規模和複雜度。故事是否有影響力決定於問題的性質，現狀和目標狀態可襯托和突顯問題的重要性。故事能否令人印象深刻，則決定於問題解決的過程是否高潮起伏。

▋以說故事的心態寫作

如果我們要寫一本小說、說一個故事，甚至只是描述一個事件，我們無可避免地經常會採取故事結構。但就算是其他類型的寫作，我們依然可以「背景」、「主題」、「情節」和「結局」這四個故事的重要成分，來思考和組織文章的內容，儘管最後的成品表面上看起來可能不像一個典型的故事。文章裡各成分的比重也可能非常不同，譬如，無論寫作的目的為何，我們一定要交代主題，但我們可能輕描淡寫，甚至完全省略其他成分。關於寫作，本書最終的觀點是，無論是什麼類型的寫作，我們都應該採取說故事的心態，來敘述文章的內容，也就是說，以準備說一個引人入勝的故事為起點來寫作。本書以上各章所討論的認知歷程，都和達到這個目的有關。

說故事時我們通常可以不太費心力，而且很自然地會考慮聽者的反應。我們的大腦似乎是為了說故事而設計的，說故事是最容易和最自然的敘事方式。在說故事的過程中，大部分時候，我們可以自動地將所有訊息合理且一致地連貫起來，「八卦」或談是非是多麼輕而易舉且普遍的社交活動。換言之，本書所提出關於寫作的三個支柱，似

乎可以在說故事的過程中，自然地建立起來。有研究顯示，雖然年紀愈大的兒童所說的故事愈會以目標為導向，也因此故事的連貫性愈高，但五歲兒童就有能力說一個包括目標和障礙的故事[43]。儘管如此，某些原因讓我們常常放棄用說故事的心態寫作。學術論文的寫作是最明顯的例子：你一開始關心的可能是寫作的格式，於是急著找出學科或領域內規範的格式，以確定論文要包括的章節。接著，你可能設法完成指定的「緒論」、「方法和程序」以及「結果和討論」。你可能根據他人建議的準則，來決定每個章節的內容；你也可能依照研究執行和完成的順序，來安排前後內容。若是非學術的一般文章，你可能在文中條列重點或索性直接在文章中幫讀者畫重點。

另外一種寫論文的心態是，先決定你要說的故事，然後再將這些內容依指定的格式寫出。實際上，你不用擔心書寫的格式，這個任務很容易外包給電腦等數位輔助工具，而且這些工具會愈來愈高明。論文記錄的不是流水帳，而是一個你想說、讀者想知道的故事。首先，你要思考和決定文章的主題是什麼，例如，它是關於同理心的影響。既然是一個故事，這個主題需要包含一個問題、障礙或衝突。像是「同理心會有負面效果嗎？」或「比較同理心的正面和負面效果」。一般故事的主題通常是關於主角所遭遇的困境，學術論文的主題則經常是尋找真相、通則和解決爭議。

為了吸引注意力和引起好奇心，平常說故事、談是非時，我們會很自然地先確定聽者有足夠的背景訊息，知道故事的來龍去脈。同

樣的，文章中提供的背景知識和脈絡是爲了讓讀者關心這個問題，對這個問題產生好奇心，以至於跟你一樣想知道答案是什麼。換言之，你描寫的背景是爲了讓讀者期待聽一個故事，例如，引發讀者想知道「經常遭繼母欺負的女孩最後怎樣」、「具備同理心不好嗎？」學術論文中的「緒論」和「文獻回顧」，主要是爲了達到這個目的。它們是用來襯托和強調研究主題的重要性，突顯研究問題中的矛盾和衝突。「緒論」也可以用來說明，你爲何要採取某種問題解決的途徑，或某個特定的研究方法，也就是提供有關採取這些途徑或方法的背景。你對灰姑娘的背景和處境愈了解，你就愈會同情她，愈想知道後來發生什麼事。除此之外，就像讀者不會對陳腔濫調的故事產生興趣一樣，論文中「緒論」的另一個主要功能是，交代與闡述研究主題的創新性。在學術論文中，透過「緒論」中關於研究背景的描述，你的目標是要告訴讀者：這是一個重要且創新的研究主題，這是一個你會想知道，而且沒有聽過的故事。

故事結構中的另一個重要成分是「情節」。在設定「主題」、提出問題、障礙或衝突，以及提供「背景」引起讀者對問題的興趣之後，你可以直接告訴讀者答案：「灰姑娘後來過著幸福美滿的日子」、「同理心會有負面的影響」。這時你只是提供訊息，並沒有說一個故事。你要帶領讀者跟你或主角一起解決問題，也就是讓讀者了解問題的現狀，以及你或主角採取了什麼途徑達成目標。例如，現狀是「大部分研究者主張要培養同理心」，而你藉由在研究中顯

示，同理心與族群間對立的程度有關聯，回答了「同理心會有負面效果嗎？」這個問題。這類關於研究過程的描述就是「情節」。當然，有時候情節會有轉折。例如，在灰姑娘的故事中，至少有以下的轉折點：「魔法消失」和「找到鞋子的主人」。同樣的，研究過程中發現測量同理心的方法不可行，或某部分的研究結果不合理、出乎意料，都是故事情節中的轉折。

故事的「結局」是問題解決的結果。例如，「兩人從此過著幸福快樂的日子」、「同理心有負面效果」。在告訴讀者故事的「結局」之後，就像有些故事一樣，你可能還會交代這個研究要傳達什麼訊息或教訓。以學術論文而言，這些闡述通常會出現在「討論」中。研究主題重要的故事，可以一直說下去。實際上，很少有論文會以「這個問題不值得再進一步研究」這類結論結束。同樣的，也許有人會為灰姑娘的故事寫續集。此外，故事的結局和故事中的背景或情節會互相影響。背景和情節可以促使讀者期待知道故事的結局；出乎意料的結局，則可能反過來讓故事中的背景和情節更有意義、更吸引人。

一篇論文可以是一個故事，但大部分時候，其中又會包括以階層式結構產生關聯的許多小故事。論文述說的可以是你的研究、你的故事；也可以是他人的研究和故事。以論文中的「文獻回顧」為例。它除了提供整篇論文的背景，本身也應該是一個故事，一個關於其他研究的故事。

在回顧文獻時，比較沒有經驗的作者會用條列的方式，列出一堆

文獻，並且經常以文獻的作者為起頭，讀起來像是頒獎典禮中一連串的得獎者名單和對其作品的描述。這些沒有以主題來引導和串聯的訊息，很快就會超越讀者的工作記憶負荷，以致讀者讀起來會毫無頭緒，難以理解，最終完全失去提供背景的功能。我們應該先思考這些文獻是要幫我們說一個什麼樣的故事，也就是我們要先決定故事的主題。將主題放在開頭可以讓讀者產生預期，可以引導讀者閱讀和組織接下來的文章內容。例如，先指出「決定記憶表現的不只是學習方式」或「對於學習方式是否完全決定記憶表現仍有爭議」這個主題。接下來，我們可以沿著時間背景的主軸，或依照研究結果的分類，來說明過去的研究，而達到文獻回顧的目的。無論採取哪一種方式，最重要的是，這些研究之間彼此要有關聯，譬如「記憶測驗的方式改變之後，該研究發現與之前研究相反的結果，……」。在描述過去的研究成果時，情節的發展才是重點，像是隨後的研究發現，如何支持或反駁其他研究者的結論。情節發展結果是論文中文獻回顧這個小故事的結局，例如，「以上的文獻回顧顯示，學習與測驗方式配合與否，是決定記憶表現好壞的關鍵因素」。除非文獻作者的名字與論述有關，或為了讓讀者產生某種印象[44]，否則這些名字應該放在附屬的位置，像是括弧內，這樣可以避免阻礙故事寫作和閱讀的流暢性。

除了故事結構中的四個成分，另外幾個有關成功說故事的特點，也可以幫助我們寫出可有效溝通，甚至引人入勝的文章。

首先，就像說故事一樣，文章中的所有訊息都應該以合理的時空

順序和因果關係連結。有學者認為連貫一致是故事的定義屬性[39]。其中，因果關係是故事中最重要的黏著劑、是故事推展的動力，也是影響讀者理解故事的關鍵。換言之，在故事裡，我們除了交代在哪裡、什麼時候發生、發生什麼事和接下來如何；更重要的是，我們需要說明為什麼發生。讀者很難理解和記住片段的訊息，畫重點或條列事實不是說故事，缺乏幫助理解的脈絡，也很難整合成有意義的論述，除非作者有機會額外加上口頭說明。除此之外，故事裡的世界和氛圍應該是內部一致、前後連貫的。譬如，通常太多關於個人經驗和主觀感受的描述，會和學術論文格格不入；寫實故事中的科幻情節不應該讓讀者覺得唐突、不合理。

其次，讀者認為訊息重要，是因為我們提供的背景脈絡和我們的論述，而不是因為我們畫了紅線或用了三個驚嘆號。讀者期待自己推論出主題的重要性，自己逐步地了解問題解決的過程；就如同閱讀小說時，讀者想要親身體驗故事情節的高潮起伏。因此，我們應該讓讀者自己看到證據並帶領讀者推理，而不是直接給答案和結論。體驗和推理的過程本身就是聽和讀故事的酬賞，否則對已經知道結局的故事，我們應該不會仍然感興趣；對已經聽過的笑話，我們應該也不會再次捧腹大笑。

人類喜好親身經歷、自己找答案和解謎語，有學者甚至認為這是人類意識存在的主要目的[45]。意識的本質是在複雜的環境中，知覺和尋找有意義的結構，換言之，我們不是一再看見規律，就是隨時隨地

在尋找規律；相較於尋找的結果，尋找規律的過程本身經常是更大的獎賞。為了影響讀者，我們可以用盡各種形容詞和副詞來描述故事中人物或情節的特性，也可以直接呈現結局或答案，但這些方式都不如帶領讀者親身體驗或自己找答案。作者不見得要告訴讀者，故事的情節有多麼驚心動魄，研究的議題有多麼創新偉大。但作者應該要讓讀者在經歷故事的情節起伏時，瞳孔放大、心跳加速；在跟作者一起用腦思考推理之後，拍桌叫好。有研究顯示，在閱讀的過程中，讀者會模擬故事中主角的感覺和動作經驗，彷彿經歷主角所處的時空，並會以主角的目標為目標[46]。此外，讀者在讀到與運動有關的字時，大腦皮質中負責運動的區域會活化[47]。讀者不只會經驗到主角的外在世界，也會經驗到主角的內在歷程。有研究發現，讀者對於故事中主角所必須要記住的一連串事件，相對於主角應該要忘記的事件，會記得比較好。也就是讀者會模擬主角的認知經驗，並且保留較多主角要保留的記憶[48]。讀者很快就會忘記讀過的字、詞、甚至句子。讓讀者在閱讀的過程中，產生豐富的感覺、心像、思考和情緒經驗，才能促成他們長久記住文章的內容和教訓。故事可以讓我們在無安全顧慮的情況下，經歷毛骨悚然、怵目驚心；好故事可以誘發讀者釋放各類荷爾蒙，可以讓讀者難以忘懷。

　　第三個關於說故事的特點是，轉折和意外可以吸引讀者。高潮起伏的情節可以讓故事賣座，違反預期的論述可以讓讀者留下深刻的印象。在問題解決的過程中，我們最常採取的方法是盡量縮小現狀和目

標狀態的距離，也就是採取的每一個步驟都是為了讓現狀往目標狀態接近[49]。故事的情節也可以依照這種方式推演：作者或主角一步一步地處理難題或衝突。但有時候，暫時遠離目標反而是比較有效的策略。例如，從你的所在處出發，前往目的地的火車站和目的地在相反的方向。這時你可能需要先遠離目的地而抵達火車站，才可以較快速地到達目的地。除了這個必要的策略考量，故事中人物的危機和問題的阻礙不時地出現和解除、與目標的距離時而接近、時而遠離，可以造成情節的起伏波動，進而牽動讀者的情緒，引發讀者好奇心和思考。情節迂迴周轉、跌宕起伏是讀者停不下閱讀的理由。有研究顯示，根據劇情摘要中的句子而計算出的情緒分數，可以預測電影的受歡迎程度；但不是情緒分數的高或低，而是情緒分數的變化具有預測的效果：代表情節變化的情緒分數變異度愈大，電影愈賣座[50]。

　　視覺上突顯的訊息不只會影響我們的注意力，也會影響記憶的登錄[51]。同樣的，出乎意料的訊息也會影響我們的記憶。有研究顯示，意料中的訊息會引發我們對訊息的熟悉感，而隨後讓我們認出來；但是我們可以在之後清楚回憶出來的，則是意料之外的訊息。換言之，我們會明確地記住那些從脈絡中突顯的訊息[52]。故事中出乎讀者意料的主題、問題、情節和結局，不但都可以引起讀者的注意力，也都會讓讀者難忘。例如，違反直覺可能是一本論述人類所處的世界實際上變得愈來愈好[53]，或是一本反對同理心[54]的書，引起注意力、甚至暢銷的原因之一。

我們可以透過對人類認知歷程的了解，知道人類有哪些普遍存在的盲點和偏見，也可以知道人類常態的注意力、記憶和思考運作方式。例如，如果我們知道在一般情況下，讀者會比較容易記住，最先和最後呈現的訊息，我們就可以根據這個序列位置效果[55]，安排訊息出現的順序。我們也可以透過對讀者知識、背景和信念的了解，知道哪些是讀者會注意和預期的訊息。藉此在說故事時，我們可以像魔術師一樣製造意外和驚奇。對於學術論文的寫作而言，產生結論或情節內容出乎意料的故事不是目的，而可能是研究者超越框架、獨立思考的展現，是研究主題或內容創新突破的結果。至於論文情節的安排，也許不需要，或有人甚至會主張不應該有高潮起伏，而是應該按部就班地娓娓道來，但說不定會有學者勇於突破這個傳統。以說故事的心態寫作，對於促進溝通有很多優勢，但並非沒有副作用。

▌故事說過頭

故事可以遠離，甚至戰勝事實。虛擬、科幻的故事可以成為巨作，但在有些情況下，偏離現實的故事，可能產生重大的負面影響。

對於學術論文而言，故事說過頭可能阻礙知識的進展。首先，一個故事的核心是主題，主題呈現一個待解決的難題或衝突，缺乏這個核心就沒有故事。有時作者會為了說一個故事，而創造一個稻草人來辯論，或提出一個假議題來解決。像是顯示「吞劍表演者在分心和花

式表演時會很容易受傷」[56]，或「人們會根據天氣決定穿著，尤其是一早的天氣」[57]之研究。這些研究沒有清楚的問題要解決，因此很難構成一個傳達有價值訊息的故事。

其次，有些學術論文以報告實證研究結果為目標，為了配合說一個精彩的故事，有時作者會扭曲或製造研究結果。一個經典的案例：有位荷蘭學者在造假被舉發後，詳細記錄了自己為了說一個合理的故事、發表可以快速帶來功成名就的論文，而挑選、修改、最終捏造實驗數據的心理歷程[58]。有經驗的研究者大概都知道，實驗室裡得到的結果，或任何來自現實世界的數據，經常不會完美地配合論文的劇情和結局。研究結果造假涉及的是學術倫理的問題，另外一類研究結果和論文故事脫鉤的情況，則和論文內容的邏輯連貫性較有關。有些論文說了一個精彩的故事，甚至提供了寶貴的建議，但故事或建議卻和研究結果沒有清楚的關聯。換言之，研究結果只是裝飾，沒有它，作者還是可以說一樣的故事、提出一樣的建議。例如，根據「不同年齡層的人喜愛做的運動不同」這個調查結果，而大談運動對健康的重要性；或者，就算實驗結果沒有顯示電玩遊戲經驗可以促進認知能力，作者依然可以說一個電玩對學習為什麼重要的故事。

就算不是學術論文，假故事依然無所不在。認知、動機和情緒相關等因素，可能讓片段、不完整的訊息變成一個假故事，而假故事可以藉由網際網路無遠弗屆地快速傳播、長大和變形。由於我們天生喜好故事和具備處理故事的傾向，我們的基模會幫我們填補片段的訊

息，讓它變成有主題，甚至有背景、情節和結局的故事。雖然經常被鼓勵的批判式思考可以展現創造力，但失控的批判式思考加上說故事的本領，卻可能讓我們扭曲和創造假故事，進而導致意想不到的後果。此外，我們的信念會讓我們選擇只注意某些故事，我們的情緒和動機會讓我們忽略某些故事，更會讓我們覺得所有的問題都有答案、所有事件的發生都有一個清楚、確定的原因。網路搜尋引擎和社群媒體的演算法會進一步擴大這些影響，讓我們更容易只接觸認可的訊息，並隔離其他訊息。與真實的故事比較，編造、不斷演化和被扭曲的故事，更容易具有高潮起伏的情節，更可以引發情緒、帶來新鮮感和更令人期待，也就因此傳遞的更快、更遠[59]。

　　以下這個改編自英國媒體報導的例子應該不是特例[60]。有一天當你在影片分享平臺上，搜尋有關太陽系外行星的訊息時，電腦螢幕上同時出現了許多相關的影片。相對於那些正規、教科書中會有的天文和太空訊息，你更可能被平臺上新奇、另類的影片所吸引。在看了有關地平論的影片之後，加上被一再鼓勵的批判式思考，你開始懷疑地球是圓的之主張。你接著尋找更多相關的訊息，網路搜尋引擎和影片分享平臺中的演算法，會因為你的搜尋歷史而提供更多、更詳細、更聳動、更吸引人的地平論故事。於是在不知不覺中你成了地平論者，你堅信地球是平的；你開始參加定期召開的研討會，你接觸的人都同意你的看法；無論什麼證據都不足以撼動你的信念，反而讓你有更多說故事的素材。若有人試圖從搜尋引擎或分享平臺中移除主張地球是

平的之假訊息，你會辯稱這是因爲「眞相」快要被發現，所以「當局」要趕快採取行動掩飾。最後，你也可以拍影片，接著透過網路，分享一個主題明確、情節高潮迭起且傳遞驚人訊息的故事。

　　應該已經沒有人需要說一千零一夜的故事來保住性命，但在寫作時善用我們天生說故事和理解故事的能力，可以讓我們自然且有效地與讀者溝通。當然，我們同時應該留意故事可能帶來的負面效果。

▌註文

1. Dundes, A. (1983). Cinderella, a casebook. *New York: Wildman Press*.

2. Mark, J. J. (2018, March 15). Cuneiform. Ancient History Encyclopedia. Retrieved from https://www.ancient.eu/cuneiform/

3. Heider, F., & Simmel, M. (1944). An experimental study of apparent behavior. *The American Journal of Psychology, 57*(2), 243-259.

4. Allan, H. J., & Robert, M. (1997). The brain as a dream state generator: An activation-synthesis hypothesis of the dream process. *American Journal of Psychiatry, 134*, 1335-1348.

5. Jowett, B. (2010). Dialogues of Plato: Translated Into English, with Analyses and Introduction. *Cambridge University Press*.

6. Shiller, R. J. (2017). Narrative economics. *American Economic Review, 107*(4), 967-1004.

7. Rumelhart, D. E. (1975). Notes on a schema for stories. *In Representation and Understanding* (pp. 211-236). Morgan Kaufmann.

8. Pavis, P. (1998). Dictionary of the theatre (C. Shantz, Trans.). *Toronto: University of Toronto Press*.

9. Campbell, J. (2008). The hero with a thousand faces (Vol. 17). *New World Library*.

10. Cutting, J. E. (2016). Narrative theory and the dynamics of popular movies. *Psychonomic Bulletin & Review, 23*(6), 1713-1743.

11. Bartlett, F. C. (1932). Remembering. *Cambridge University Press. New York.*

12. Schank, R. C., & Abelson, R. P. (1977). Scripts, plans, goals and understanding: An inquiry into human knowledge structures. *Lawrence Erlbaum.*

13. Minsky, M. (1974). A framework for representing knowledge. A. I. Memo No. 306, Cambridge, *MA: MIT Artificial Intelligence Laboratory.*

14. Mandler, J. M. (1984). Stories, scripts and scenes: Aspects of schema theory. *Hillsdale, NJ: Lawrence Erlbaum.*

15. Thorndyke, P. W. (1977). Cognitive structures in comprehension and memory of narrative discourse. *Cognitive Psychology, 9*(1), 77-110.

16. Tulving, E. (1972). Episodic and semantic memory. In E. Tulving & W. Donaldson (Eds.), *Organization of Memory* (pp. 381-403). New York: Academic Press.

17. Mandler, J. M., & Johnson, N. S. (1977). Remembrance of things parsed: Story structure and recall. *Cognitive Psychology, 9*(1), 111-151

18. Trabasso, T., & Van Den Broek, P. (1985). Causal thinking and the representation of narrative events. *Journal of Memory and Language, 24*(5), 612-630.

19. Trabasso, T., & Sperry, L. L. (1985). Causal relatedness and importance of story events. *Journal of Memory and language, 24*(5), 595-611.

20. Gibson, J. J., (1977). The theory of affordances, In R. E. Shaw and J. Bransford (Eds.), Perceiving, acting, and knowing: Toward an ecological psychology (pp.67-82). *Lawrence Erlbaum Associates, Hillsdale, NJ.*

21. Gick, M. L., & Holyoak, K. J. (1983). Schema induction and analogical transfer. *Cognitive Psychology, 15*(1), 1-38.

22. Zwaan, R. A. (1999). Situation models: The mental leap into imagined worlds. *Current Directions in Psychological Science, 8,* 15-18.

23. Escalas, J. E. (2004). Narrative processing: Building consumer connections to brands. *Journal of Consumer Psychology, 14*(1-2), 168-180.

24. Prentice, D. A., Gerrig, R. J., & Bailis, D. S. (1997). What readers bring to the

processing of fictional texts. *Psychonomic Bulletin & Review, 4*(3), 416-420.

25. Green, M. C., & Brock, T. C. (2000). The role of transportation in the persuasiveness of public narratives. *Journal of Personality and Social Psychology, 79*(5), 701-721.

26. Murrar, S., & Brauer, M. (2019). Overcoming resistance to change: Using narratives to create more positive intergroup attitudes. *Current Directions in Psychological Science, 28*(2), 164-169.

27. Appleby, S. C., & Kassin, S. M. (2016). When self-report trumps science: Effects of confessions, DNA, and prosecutorial theories on perceptions of guilt. *Psychology, Public Policy, and Law, 22*(2), 127-140.

28. Gottschall, J. (2012). Ink people change the world. In J. Gottschall (Ed.) The storytelling animal: How stories make us human. Boston, *MA, : Houghton Mifflin Harcourt.*

29. Saxton, M. (2017). *Child language: Acquisition and development.* Sage.

30. Nelson, K. (2003). Narrative and the emergence of consciousness of self. In G. D. Fireman, T. E. McVay, & O. Flanagan (Eds.), Narrative and consciousness: Literature, psychology, and the brain (pp. 17-36). New York: *Oxford University Press.*

31. Applebee, A. N. (1978). A sense of story. In A. N. Applebee. *The child's concept of story: Ages two to seventeen* (pp. 29-53). Chicago: University of Chicago Press.

32. Lenox, M. F. (2000). Storytelling for young children in a multicultural world. *Early Childhood Education Journal, 28*(2), 97-103.

33. Bietti, L. M., Tilston, O., & Bangerter, A. (2018). Storytelling as adaptive collective sensemaking. *Topics in Cognitive Science, 11*(4), 710-732.

34. Smith, D., Schlaepfer, P., Major, K., Dyble, M., Page, A. E., Thompson, J., ... & Ngales, M. (2017). Cooperation and the evolution of hunter-gatherer storytelling. *Nature Communications, 8*(1), 1-9.

35. Zwaan, R. A., & Radvansky, G. A. (1998). Situation models in language comprehension and memory. *Psychological Bulletin, 123*, 162-185.

36. Franklin, N., & Tversky, B. (1990). Searching imagined environments. *Journal of Experimental Psychology: General, 119*(1), 63-76.

37. Johnson-Laird, P. N. (1983). Mental models: Towards a cognitive science of language,

inference, and consciousness. Cambridge, MA: *Harvard University Press*.

38. Kintsch, W., & Van Dijk, T. A. (1978). Toward a model of text comprehension and production. *Psychological Review, 85*(5), 363-394.

39. Mar, R. A., & Oatley, K. (2008). The function of fiction is the abstraction and simulation of social experience. *Perspectives on Psychological Science, 3*(3), 173-192.

40. 當然，這不代表這位小說家在寫故事時有想到演化論。

41. Hunt, E. (1994). Problem solving. In Thinking and problem solving (pp. 215-232). *Academic Press*.

42. Greeno, J. G., & Simon, H. A. (1988). Problem solving and reasoning. In R. C. Atkinson, R. Herrnstein, G. Lindzey, & R. D. Luce (Eds.), *Stevens' handbook of experimental psychology* (Rev. ed., pp. 589-672). New York, NY: Wiley.

43. Stein, N. L. (1988). The development of children's storytelling skill. In M. B. Franklin & S. S. Barten (Eds.), *Child language: A reader* (pp. 282-297). New York, NY, US: Oxford University Press.

44. 例如列出一些領域內的名人，可以顯示作者熟悉該領域。

45. Bor, D. (2012). The ravenous brain: How the new science of consciousness explains our insatiable search for meaning. *Basic Books (AZ)*.

46. Zwaan, R. A. (1999). Situation models: The mental leap into imagined worlds. *Current Directions in Psychological Science, 8*, 15-18.

47. Pulvermüller, F., Shtyrov, Y., & Ilmoniemi, R. (2005). Brain signatures of meaning access in action word recognition. *Journal of Cognitive Neuroscience, 17*, 884-892.

48. Gunraj, D. N., Upadhyay, S. S. N., Houghton, K. J., Westerman, D. L., & Klin, C. M. (2017). Simulating a story character's thoughts: Evidence from the directed forgetting task. *Journal of Memory and Language, 96*, 1-8.

49. Anderson, J. R. (1993). Problem solving and learning. *American Psychologist, 48*(1), 35-44.

50. Kim, Y. J., Cheong, Y. G., & Lee, J. H. (2019). Prediction of a movie's success from plot summaries using deep learning models. In Proceedings of the Second Workshop on Storytelling (pp. 127-135). *Association for Computational Linguistics*.

51. Fine, M. S., & Minnery, B. S. (2009). Visual salience affects performance in a working memory task. *Journal of Neuroscience, 29*(25), 8016-8021.

52. Kafkas, A., & Montaldi, D. (2018). Expectation affects learning and modulates memory experience at retrieval. *Cognition, 180*, 123-134.

53. Pinker, S. (2018). Enlightenment now: The case for reason, science, humanism, and progress. *Penguin*.

54. Bloom, P. (2017). Against empathy: The case for rational compassion. *Random House*.

55. Murdock Jr, B. B. (1962). The serial position effect of free recall. *Journal of Experimental Psychology, 64*(5), 482-488.

56. Witcombe, B., & Meyer, D. (2006). Sword swallowing and its side effects. *British Medical Journal, 333*(7582), 1285-1287. 這個研究在2007年獲得搞笑諾貝爾 (Ig Nobel Prize) 醫學獎。

57. De Carli, M., Olesen, B. W., Zarrella, A., & Zecchin, R. (2007). People's clothing behaviour according to external weather and indoor environment. *Building and Environment, 42*(12), 3965-3973.

58. Stapel, D. (2014). Faking science: A true story of academic fraud. Translated by Nicholas J. L. Brown. Online: 2019. 12. 23.

59. Vosoughi, S., Roy, D., & Aral, S. (2018). The spread of true and false news online. *Science, 359*(6380), 1146-1151.

60. 這個故事是改寫自一段英國國家廣播公司的訪問報導內容。

國家圖書館出版品預行編目資料

寫作的認知歷程：以論文寫作為例／李玉琇
著. -- 初版. -- 臺北市：五南圖書出版股
份有限公司, 2020.12
　　面；　公分
　ISBN 978-986-522-367-0（平裝）

1.認知心理學　2.論文寫作法

176.3　　　　　　　　　　109018650

1B1H

寫作的認知歷程：以論文寫作爲例

作　　者 ― 李玉琇（87.6）

發 行 人 ― 楊榮川

總 經 理 ― 楊士清

總 編 輯 ― 楊秀麗

副總編輯 ― 王俐文

責任編輯 ― 金明芬

封面設計 ― 王麗娟

出 版 者 ― 五南圖書出版股份有限公司

地　　址：106台北市大安區和平東路二段339號4樓

電　　話：(02)2705-5066　　傳　　真：(02)2706-6100

網　　址：https://www.wunan.com.tw

電子郵件：wunan@wunan.com.tw

劃撥帳號：01068953

戶　　名：五南圖書出版股份有限公司

法律顧問　林勝安律師事務所　林勝安律師

出版日期　2020年12月初版一刷

定　　價　新臺幣380元

經典永恆・名著常在

五十週年的獻禮 —— 經典名著文庫

五南，五十年了，半個世紀，人生旅程的一大半，走過來了。

思索著，邁向百年的未來歷程，能為知識界、文化學術界作些什麼？

在速食文化的生態下，有什麼值得讓人雋永品味的？

歷代經典・當今名著，經過時間的洗禮，千錘百鍊，流傳至今，光芒耀人；

不僅使我們能領悟前人的智慧，同時也增深加廣我們思考的深度與視野。

我們決心投入巨資，有計畫的系統梳選，成立「經典名著文庫」，

希望收入古今中外思想性的、充滿睿智與獨見的經典、名著。

這是一項理想性的、永續性的巨大出版工程。

不在意讀者的眾寡，只考慮它的學術價值，力求完整展現先哲思想的軌跡；

為知識界開啟一片智慧之窗，營造一座百花綻放的世界文明公園，

任君遨遊、取菁吸蜜、嘉惠學子！